小さな出版社のつづけ方

永江朗

猿江商會

本書の表紙デザインは、
本書で取材した10社のロゴならびに
WEBサイト上で使われている
社名を図案化したものです。

目次

contents

OHRAIDO SHOTEN
ARAEMISHI
MINATO NO HITO
SEKI SHOBO
ATASHISHA
SAYUSHA
FREESTYLE
SANRINSHA
BlueSheep
PUBLIB

contents

case
01

パブリブの場合

PUBLIB

ひとりで編集もデザインも経営も
というのは満足度の高い仕事ができます。
精神的にも健康でいいですね

濱崎誉史朗さん

『デスメタルアフリカ』、『共産テクノ　ソ連編』、『童貞の世界史』、『タタールスタンファンブック』、『ヒップホップ東欧』、『ソ連歌謡』……。

パブリブの刊行書籍リストに並ぶのは、かなり変わった本ばかりである。『デスメタルアフリカ』は、アフリカのデスメタルを紹介する本。デスメタルはヘビメタを破壊的かつ悪魔的に激しくしたようなロック。「デス」は「death」です。以前、『デトロイト・メタル・シティ』というコミックおよびそれを原作にした映画があった（主演は松山ケンイチ）。タタールスタンはロシア連邦の共和国。マニアックでニッチでディープで、とついカタカナばかり並べてしまうが、関心がない人には視界にすら入ってこないかもしれないが、好きな人にはたまらない本である。しかもカバーからは異様なほどの迫力が伝わってきて、うっかり本を開くと吸い込まれそうになる。

パブリブはほぼ毎月1点というペースでこうした本を刊行しているが、企画・編集・デザイン・営業・宣伝のすべてを担当しているのは社長の濱崎誉史朗さんひとり。

パブリブの特徴は徹底した内製化だ。アウトソーシングしているのは印刷・製本と流通ぐらいで、カバーのデザインも本文の組版も濱崎さんがPCで行う。作業場のデスクは5台のディスプレイが並ぶ。編集作業を行うメインのPC以外のディスプレイには、それぞれiTunes、YouTube、pdf、Twitterが開いた状態になっている。

ただし機器にはそれほどお金をかけていない。ＰＣはショップオリジナルのＢＴＯ。スペックはCore i9のＣＰＵに32ギガのメモリと8テラのＲＡＩＤ型ミラーリングハードディスク。すべてのデータは2テラの年間契約をしているDropboxに入れている。著者とのやりとりもDropboxの共有ファイルでおこなう。

濱崎さんはほとんどの作業をリクライニングチェアに寝転がったまま空中マウスを使っておこなっている。1週間以上外出しないことも多く、最大の問題は運動不足かもしれない。かなりギークなイメージだ。

「プログラムというほどではないですけど、バッチ処理で簡単に流し込めるフォーマットをつくるようなことは得意です。外注するとお金だけじゃなく、時間もかかるし、ストレスも溜まります。四六判をＡ5版に変えるなど、僕はよく組み直しをするんですよ。それをいちいちデザイナーにお願いすると大ごとになるけど、自分でやるなら簡単です。ひとりで編集もデザインも経営もというのは満足度の高い仕事ができます。精神的にも健康でいいですね」

表紙・カバーのデザインや組版の内製化は、小さな出版社におすすめだと濱崎さんはいう。

こうした技術を濱崎さんは独学で身につけた。後述するように、大学を卒業後、ＤＴＭ

の会社に勤務した経験が役立っている。濱崎さん曰く「DTPなんてDTMの10分の1ぐらいの労力でできる」。濱崎さんがよく利用するのは海外のサイトのチュートリアルで、「日本の人は市販されているマニュアルぐらいしか読まないじゃないですか。あんなのぜんぜんだめ」とのこと。ネットにはPhotoshopのフィルターもフリーでたくさん出ていて、カバーをつくるチュートリアルもYouTubeに上がっている。

「僕はかなり早い段階でカバーを完成させて、著者にも送って、壁紙にして、自分の机に置いておく。こういうのって完成したときは高揚感で、実際以上にいいように見えてしまったりもするんですよ。でも長く本屋さんの店頭に置かれるものだから、読者は飽きるかもしれないということも考えて、納得いくまで修正します。デザインに関してはまず妻に相談します。妻は出版に関係ない仕事をしていて、少し距離を置いた立場からかなりシビアに見てくれる。あとは僕自身がどれだけ第三者的に、客観的な視点に立てるかですね。自尊心を抑えてシビアな目で見る。著者の原稿を読むときもそうじゃないですか。他人の作品について冷静に見るように、自分についても見なければいけない。それが最終的に成功かどうかはわからないし、これに満足してはいけない、もっといいものができたかもしれないと考えるようにしています。これで満足してはいけないと思ったほうがいいですよね。もっと上を目指さないと」

パブリブの創業は2015年。それまでの11年間、濱崎さんは人文・社会科学書で知られる社会評論社に勤務していた。

1979年生まれの濱崎さんは、お父さんが国際援助関係の仕事でフランス語が専門だったため、幼いころからチェニジアやモロッコ、フランスなどフランス語圏を中心に、世界各地を転々としながら育った。

「帰国子女というとアメリカ育ちを連想する人が多いけど、僕が住んだのはもっとマイナーな国ばかりで、だからマイナー国が好きです。そうした国の多くは植民地だったことがあるから、いまも旧宗主国の影響が強かったり、隣国との関係が悪かったり。出版業界ではマイナー国に視点を向けた編集者が少ないので、それが僕の武器になっているんですけど」と濱崎さんは話す。

中学2年生から高校卒業まではロンドン郊外のギルフォードにある立教英国学院に通い、大学は帰国して慶應義塾大学法学部政治学科に進んだ。大学ではデスメタルのバンドに入っていて、それが現在のデスメタル本の刊行につながっている。

大学を卒業して入ったのはCGをつくる会社だったが、半年でDTMの会社に移った。ところが1年後、会社が買収されて日本法人がなくなって濱崎さんは失業してしまう。そこで、新聞の求人広告で見つけた社会評論社に入る。

そのころ濱崎さんは左翼に憧れていたという。社会評論社にはそれまで本でしか知らなかったような新左翼界の有名人がしょっちゅう来ていた。

「なんだか自分も革命家になったような気分になっちゃった（笑）。就職したというより、遅れて左翼活動家になったような気分ですね」

ところが、しばらくすると会社に幻滅するようになる。左翼のいやなところもいろいろ見えてくる。根底には経営についての考え方というか、感覚の違いがあった。社長は、仕事は仲間で分け合うもの、仲間は助け合うもの、という考え方。能力やクオリティに関係なく、昔からつきあいのある左翼仲間に仕事を発注していた。そこに濱崎さんは違和感を抱いた。

「会社がいやになった決定的なきっかけは、ホロコースト見直し論者としても知られるある人物が、〝911同時多発テロはアメリカの自作自演だ〟という企画を持ち込んできたこと。僕は、いくらなんでも彼はまずいですよ、といったんだけど、社長はすっかり意気投合している。そこで僕は目が覚めた。アメリカに行ったこともなければアメリカ人と話したこともないような人が〝アメリカ帝国主義打倒！〟みたいなことを叫んでいるのにうんざりしました」

でもそのとき濱崎さんは、会社を辞めようとは考えなかった。社会評論社にとどまって、自分の好きな企画を立て、好きなように本をつくろうと思った。

2006年に『世界飛び地大全』（吉田一郎著、現在は角川ソフィア文庫）を出した。ネットで見つけた書き手とそのコンテンツを書籍化した本である。これがヒットした。

「当時はWebのコンテンツを書籍化したものって、あまりなかったんですよ。その後も『コーラ白書』（中本晋輔・中橋一朗著）とか『超高層ビビル』（中谷幸司著）とか、それまで社会評論社が出していなかったサブカル系の本をつくって、ヒットを連発しました。そのうちたんにネットのなかのコレクションを見つけて本にするのには飽きてきて、自分で企画して書き手を探すようになりました。そうやってつくったのが2009年の『ニセドイツ』（伸井太一著）。そのころから業界紙のインタビューを受けたり、書店から濱崎の企画の本のフェアをやりたいというオファーがあったり。ハマザキカクという名前での仕事もはじまりました」

先述した表紙まわりや組版の内製化は、この社会評論社在籍時代から実践していた。

新入社員が入ってこないので、濱崎さんはいつまでたっても社内で万年最年少ヒラ社員だった。濱崎さんが手がける本に理解を示す人は社内におらず、しかし、売れているので口は出されず、ほとんど治外法権状態だったという。

「僕は自分で一からテーマを考えて、新しい書き手を開拓し、新しいジャンルの本に挑んでいった。企画・編集からDTP、デザイン、取次営業や書店フェアまで全部ひとりでやって、ヒット作もたくさん出した。でも会社が他に出しているのは科研費（科学研究費助成事業）など助成金が出ている学術書や、党派的な人間関係で持ち込まれる企画ばかり。そういう状況って日本社会の縮図だと思うんですけど」

中小零細の出版社では全共闘世代がいまだに強い発言力を持ち、その下の世代は人が少ないうえ、優秀な人材はネットに流れていると感じた。不満はつのり、会社の居心地もだんだん悪くなっていった。企画について他の社員と相談したり、アドバイスを受けたりすることもなく、世間話することすら減っていって、濱崎さんは孤立感を深めていた。

そんなとき「一緒に出版社を立ち上げないか」と声をかける人もいた。準備を進めたが、結果的にポシャってしまった。

やがて転機が訪れる。

「会社設立の話が消えて失意の日々だったんですが、東日本大震災をきっかけにTwitterが流行り始めたじゃないですか。僕は毎日、新刊を全点チェックするのが習慣で、面白い珍書を見つけてはよく投稿してるんですよ。それを見た著者や編集者から声をかけてもらうようになりました。それが次に備えての人脈づくりになりました」

『本の雑誌』で珍書レビューを連載し、中央公論新社の新書ラクレから『ベスト珍書』（ハマザキカク著、2014年）という本も出した。濱崎さんが「このまま社会評論社の名物編集者という路線で行くしかないのかな」と思っていたころ、ある企画を思いつく。それが『デスメタルアフリカ』だった。

濱崎さんは珍書とは別に、アフリカをはじめマイナー国のデスメタルについてもよく投稿していた。夜中にYouTubeで見つけてはTwitterに投稿するのだ。そこで、これをテーマに自分で原稿を書いて本にすることを思いついた。しかし、社長に聞くと、社員が書いた場合は印税を払わないという。それはなんだかばかばかしい。自費出版して新宿のミニコミセンター・模索舎などに置いてもらおうかとも考えながら、以前から面識のあったトランスビューの工藤秀之に相談してみた。工藤は濱崎さんが自分で出版社をつくって、そこで『デスメタルアフリカ』を出せばいいではないかとアドバイスした。2015年だった。これがパブリブの刊行第1弾となった。

社会評論社で進めていた企画がいくつかあったので、すぐに退社するわけにもいかない。社会評論社に籍を置きながらパブリブでも本を出すことにした。

トランスビューで本を出してみて、注文出荷制のすごさを実感した。それと同時に、従来の流通システムの問題もはっきりしてきた。

社会評論社での初版部数は3千部〜4千部。濱崎さんがつくる本はバズった、つまりネットでよく話題になった。話題になると書店から注文が入る。これがくせ者だ。書店は必ずしも自店の販売能力を見きわめて発注するわけではない。濱崎さんが「面白半分の注文」「ウソ注文」と感じる発注も少なくなかった。どうせ売れ残っても返品できるので、売れないとわかっていても注文してくるのだ。しかし社には在庫がない。書店からの返品や重版を待つ保留短冊（出庫を保留しておく注文書）がどんどん溜まっていく。重版して出庫すると、半年後には書店からどっと返品が来るが、そのころすでに小ブームは終わっている。

「話題になっているときは、紀伊國屋書店新宿本店でさえ在庫がない状態になるんです。アマゾンのマーケットプレイスではプレミアがついて値上がりする。どうして重版しないんだと著者は怒っている。重版したら半年後に時限爆弾（返品）ですといっても理解してくれない。社会評論社は歴史のある出版社なので大手取次との取引条件はいいんだけど、それでも問題の多い構造だということも身に染みました」

その問題がトランスビューの注文出荷制では解消される。買い切りではないが、書店は売れる数を見きわめて注文してくるので、返品率は低い。〝時限爆弾〟がないから、出版社は安心してすぐ重版できる。書店からの入金も取次経由よりはるかに早い。

「これだ！　と思いました。自分でやってこれだけ結果を出せるんだ、なんでいままで我慢していたんだろう、と。一気に会社で働く気がなくなった。社長に独り立ちしたいといったら、ああ、そう、みたいな薄い反応で。いつ辞めるかわからないと思っていたんでしょうね」

編集とデザインには自信があったが、心配なのは経理だった。しかしこれも妻が経理の資格を持っているので解決。共同の出資者でもある妻に経理をやってもらうことにして、パブリブを設立した。社会評論社を辞めたのは、その3か月後だった。

パブリブを法人にしたのは、書店からの信用度が高まるとトランスビューの工藤にアドバイスされたからだ。形態は合同会社にした。会社設立の諸手続は図書館で借りた本を参考に、濱崎さんがおこなった。

当初は創業後のPRも兼ねて、ロケットニュースのライターや都築響一のメルマガ、NHKラジオの出演など、依頼された仕事は積極的に引き受けた。だがパブリブの事業が軌道に乗るとそちらの仕事に専念するようになった。収入は会社員時代よりもむしろ安定した。

「社会評論社を辞めてわかったこともあります。僕は本をつくるのに時間をかけすぎだった。時間をかけて丁寧につくればいい本にはなるんですけど、経営には入金のペースというものがあるじゃないですか。1か月に1冊のペースで普通の本を出すのと、半年に1冊すごい本を出すのとでは、前者のほうが経営的にはいいんです。そういう資金繰りの感覚が編集者時代にはなかった。僕がつくる本がヒットしたといっても、他の編集者はもっと点数を出していた。僕はあまり会社に貢献していない面もあったんだな、と辞めてからわかった」

社会評論社にいたとき経営に関する本はかなり読んでいるつもりだった。だが「やっぱり恐怖を自分で味わわないとわからないこともある」と濱崎さんはいう。

最初の『デスメタルアフリカ』は、読者の反応もよく、書店でも売れていた。だから次の本をすぐ出す気はなかった。ところが、書店からの入金よりも前に印刷代や製本代を支払わなければならないことに気がついた。出資金はすぐなくなった。社会評論社を辞めた直後は解放感にひたっていたが、半年ぐらい経ったころ「これはやばい」と焦りだした。「いくらいい本をつくっていても、こういうペースでやっていたらお金がなくなる」と気がついたのだ。税理士からもアドバイス（というか説教）を受けた。執筆中の著者には原稿催促のメールを送り、いろんな人に執筆依頼のメールを送った。それがのちの毎月1冊刊行というペースにつながる。

「いちばんの恐怖は、著者からの信用を失うこと」と濱崎さんはいう。著者が書いてくれなければ本ができないし、本が出せないと会社を維持できない。著者に印税を払えないという事態だけは絶対に避けなければならない。もちろん印刷所など取引先も重要だが、最優先すべきは著者との信頼関係だ。

「出版社をつくっても、事業をつづけていく自分なりの方法がわからなければ、会社をたたんで再就職するしかないと思います」

幸いなことに、これまで出した本の大半は赤字になっていない。慎重に進めながらも、点数を出せば出すほど経営的にはプラスになると実感している。

「もともと僕は企画欲が激しいので、いろんな人に執筆依頼のメールを送って、打ち合わせをして、どんどん催促しています。いつも40本近くの企画が同時進行中です。そのうち12本は1年以内につくりたいもの。12本はもうちょっと長期戦で、2~3年以内に出したいもの。あとはあまり催促せずに待っているものです」

いちばん売ってくれる書店はアマゾンだ。ただしe託（アマゾンとの直接取引）にはしていない。欠品になって補充まで2週間ぐらいかかることもあるが、「それくらいならむしろ（読者に）飢餓感が出ていいんじゃないか」というのが濱崎さんの感触だ。

パブリブの書籍は、デスメタルなどの音楽系と〝共産趣味〟を含めたサブカル系、それと学術系の3本柱。学術系の本の著者は若手の研究者だ。濱崎さんは若手研究者のデータベースをつくっていて、論文もまめにチェックしている。気になる研究者のリストをつくり、研究者と打ち合わせをするときそのリストをもとに、「この人はどんな人？」と情報を求める。濱崎さんが執筆を依頼するのは、そのジャンルの主流からはずれた人、研究テーマがマニアックすぎるのでなかなかポストに恵まれない人が多い。しかし研究者は遅筆が多く、気難しい人も少なくない。完成までこぎつけるのは4人に1人ぐらいだ。

「本をつくってもすごく売れるというわけではないですね」と濱崎さんはいう。

3本柱のなかでもっとも手堅いのはデスメタルを中心とした音楽関連書だ。大手の音楽専門出版社が手を出さない、マイナーだけど熱いファンのいるジャンルである。大部数は望めないが、確実な売上が見込める。

「部数が少なすぎて大手では無理だけど、注文出荷制の僕ならできる。僕がつくっているのはアーカイブ的なディスクガイドです。いまストリーミングが流行っているじゃないですか。音源を買わなくてもその音源を遡って聴くことが簡単にできる。でも、その音源がどういうものかという説明はストリーミングにない。Webで出てくる情報はあるけど、体系的な流れをつかみにくい。それに、Webの情報はいつ消えるかわからない。紙なら残ります。関心のあるジャンルのCDを全部買って保有するのは不可能だけど、その音源が誰の何というアルバムなのかというカタログ的な副読本みたいなものにはかなりニーズがあると思います」

これは日ごろストリーミングを愛用しているわたしも痛感することだ。ストリーミングを使うようになって、CDの時代よりもたくさんの音楽を聴くようになった。ところがストリーミングではCDのようにライナーノーツがないので、メンバーやレコーディングエンジニアなどのことがわからない。だからガイドブックはありがたい。

パブリブの音楽本のつくり方は確立されている。原稿のフォーマットを決めておいて、著者はひたすら書き、書き上げた原稿は片っ端からDropboxの共有ファイルに放り込んでもらう。原稿がそろうと、濱崎さんはInDesignでデータを統合する。あとはバンドのプロフィールやインタビュー、コラムなどを入れてできあがり。

4本目の柱として考えているのは翻訳書だ。社名を英語風にしたのもそのため。パブはパブリッシングに、リブはリバティーやリベラリズムに通じる。

「『ベスト珍書』を書いたとき、日本のコレクターのレベルは世界最高だと感じました。それを翻訳して海外に輸出するビジネスをやろうと思っています」

カバーデザインや組版までひとりでやって猛烈に忙しいが、スタッフを増やそうとは思わないと濱崎さんはいう。いまの状態が快適で、同じ空間に他人がいるのはストレスになるだけ、とまで。酒は飲まない、たばこも吸わない、風俗とか女遊びもない。友だちづきあいもない。

「仕事以外にやることが何もない。本が好きで二つの区の図書館に通っていますが、借りるのは仕事に関連した本がほとんどです。釣りとかレジャーとかスポーツとかもぜんぜん好きじゃないし、テレビもないし、映画も好きじゃないし、ファッションにも関心がなくなってきたし。好きなのは音楽と本と食べ物。それ以外にやりたいことがない。でも8時間寝てますけどね」

新型コロナウイルス感染症の影響について聞いた。

「影響はありますす。大ありですよ」と濱崎さんはいう。企画していた海外ガイドブックが10タイトルぐらいあったのだが、発売を見合わせたり発売時期を大幅に遅らせたりした。

「『地球の歩き方』なんかが手を出さないマイナー国とかニッチな街とか、ひとつのコンセプトを決めたダークツーリズム的な切り口だとか、そういう本を準備していました。19年の12月に『重慶マニア』という本を出したんですが、その1か月後に武漢でロックダウンがはじまっちゃった。発売直後の売れ行きはよかったたし、あの本を買って重慶に行ったという人もかなりいて、中国でも話題になっていたんですけど、1か月でストップです。そのあと20年2月に『ウクライナ・ファンブック』というウクライナのガイドブックも出したんですが、3月には全世界がロックダウン。準備していたマイナー国ガイドブックのシリーズはぜんぶ塩漬けです。唯一出したのが『ソウル25区＝東京23区』。これは20年の3月に原稿が完成していたんですが、4月に緊急事態宣言じゃないですか。当時は夏ぐらいにはかなり収束しているんじゃないかという楽観的な話もあって、緊急事態が終わってから出そうといっていたんですけど、ますます悪化してしまった。本の内容も陳腐化してこのままでは賞味期限切れになってしまうし、いつ出せるかもわからないから21年の1月に出したんですけど、これまたタイミングは緊急事態宣言と丸かぶりになっちゃって。イベントもできないし、書店からの注文も少ないんですよ」

人文書にも影響が出た。文化研究の本では、著者が現地調査に行けなくなり、国立国会図書館はじめ図書館も利用が制限された。

「これはうちだけじゃないと思うんですけど、コロナ鬱になっちゃってる著者が3、4人はいるんじゃないかな。まったく連絡がとれなくなった著者もいます。奥さんが重度の鬱で執筆どころじゃなくなっちゃったという著者もいます。出版は巣ごもり需要があっていいですねっていわれますが、ぜんぜん違いますよ」

もっとも、悪いことばかりではなかった、と濱崎さんは話す。じつはコロナ前、著者に執筆依頼済みで進行中の企画が50タイトルぐらいもあって、ほとんどパンク状態だったのだ。原稿を書き上げた著者からは「刊行はまだか」と催促がひっきりなしにきて、濱崎さんは困り果てていた。それがコロナ禍によって否が応でも出版を延期せざるをえなくなってしまったのである。

「いま海外のガイドブックを出しても、誰も旅行できませんから、もう少し様子を見ましょう、と伝えました。出版のタイミングを延期せざるをえないことを理解してもらいました。そのかわり、コロナ禍の影響が少ない音楽本などを前倒しで刊行して、停滞気味だった企画をかたちにできました」

毎月1冊のペースで書籍を刊行してきたパブリブだが、コロナ禍の中の20年春から21年春にかけては、1年間で6点しか出せなかった。例年の半分である。

ところが既刊本3点が増刷できた。これは予想外のこと。マツコ・デラックスの番組で『エロ語呂世界史年号』と『エロ語呂日本史年号』が取り上げられて、放送された時間としてはわずかだったが反響が大きく、すぐ増刷した。また、『旧ドイツ領全史』は3300円という比較的高額な人文書にもかかわらず4刷まで伸びている。経理上の収支もプラスマイナスゼロだった。

「創業時からずっと寝転がって空中マウスで作業していましたが、さすがにからだに悪いと思ってスタンディングデスクを導入しました。出版を延期せざるをえなくなった空白のタイミングを第二の創業期と捉え、機器のスペックを上げるなど作業環境を見直しました。個人の資産運用もつづけていて、老後の2000万円を確保できるように頑張ります（笑）」

コロナ禍で5キロ太ったと濱崎さんはいう。もともと家に籠もって仕事をして1週間以上も外の空気を吸わないこともあるという人だから、コロナなど関係なさそうに思えるのだが、どういうことか。なんとGo To Eatで食べまくったそうだ。貯まったポイントが15万円分というから半端ではない。

「コロナ禍を自分と会社を見直す機会だと捉えました。創業してからずっと休まず全力疾走してきましたが、コロナ禍でいろんな企画がストップして、なかば強制的に息抜きをしなければならない状況に追い込まれましたから。でもそうはいっても、コロナ禍があってよかったとは思わない。パブリブは結果的にプラマイゼロかもしれないけど、やっぱりこんなことは起きないほうがよかった。世の中も殺伐としていますよね、特にSNSとか」

イベントができないのも辛い。「オンラインイベントって、なんか違いますよね」と濱崎さんはいう。「知り合った」という実感がない。濱崎さんにとってイベントは次の著者の獲得の場であり、人脈をつくる場でもある。イベント後の懇親会をきっかけに企画が生まれることもある。早くコロナ禍が収束して、以前の日常を取り戻したいと濱崎さんはいう。

case
02

ブルーシープの場合

BlueSheep

なぜ本を出すのかというと、
ひとつはビジネスであり、
ひとつは展覧会を動かす大きなメディアでもある、
ということですよね

草刈大介さん

BlueSheep

ブルーシープはおもに美術館などでの展覧会の企画とそれに関連した書籍を刊行する会社である。活動の範囲は出版に限らない。会社全体の売上や収益のなかで書籍のそれが占める割合はそれほど高くない。しかし、ブルーシープが刊行する書籍はたんなる展覧会の図録ではない。多くの展覧会図録はその展覧会を開催する施設だけで販売されるが、ブルーシープの書籍は全国の書店にも並ぶ。つまり、展覧会を訪れた人のためのものであると同時に、展覧会場を訪れる前に書籍を手に取る人にとっては展覧会に関心を持つきっかけとなるという役割もある。

これまで手がけた展覧会や書籍には、『世界を変える美しい本　インド・タラブックスの挑戦』や『シンプルの正体　ディック・ブルーナのデザイン』、『ルート・ブリュック　蝶の軌跡』、『エリック・カール　遊ぶための本』などがある。

東京・吉祥寺のオフィスにはギャラリーが併設され、スヌーピーミュージアム（東京・町田）やPLAY!（東京・立川）の運営にも関わる。

企業理念というか、目指すものは「ありそうで、ないことを」。

ブルーシープの設立は2015年。朝日新聞社の事業部で展覧会の企画をしていた草刈大介さんと、小学館でマンガ編集者をしていた江上英樹さんがはじめた。その後、江上さんが抜け、草刈さんひとりが代表となった。この原稿を書いている2021年夏の時点で草刈さん以外に10人のスタッフがいるから、もはや「小さな」とはいえないし、「出版社」の枠からもはみ出ている。

草刈大介さんは1972年、東京生まれ。赤ん坊のときに両親の都合でロンドンに住んだり、帰国して横浜に住んだりもしたが、育ったのは東京・小平で、現在も小平在住。早稲田大学高等学院から早稲田大学法学部に進んだ。高校時代の同級生には『趣都の誕生萌える都市アキハバラ』で知られる森川嘉一郎明治大学准教授がいる。

強い目的があって法学部に入ったわけでもなく、やりたいこともなかった。4年生になるとき旅に出て、北米と南米を半年ほどうろつくうちに「初めて日本のことを相対化した」と話す。決定的に勉強が足りないと思い、国際基督教大学大学院に進んだ。国連で働きたいと思って行政学研究科に入ったのだが、まわりは学者になろうという人ばかりで、いまひとつなじめなかった。

「ここは向いていないなと思うと同時に、世の中に貢献したい、誰かの役に立つことをしたいと思った。問題が起こってからなんとかするのではなく、人文というか、アートとか文学とか、そういうことが問題解決の本質的な糸口じゃないかとぼんやり思ったんですよね」

それには出版社だ、出版社に就職しよう、と考えたけれども、出版社は募集が少ないし、入るのも難しい。そのとき「ばかじゃないの。入れないよ」といったのは、当時つきあっていた彼女でのちの妻となる人だった。ちなみにブルーシープという社名は、彼女が「青羊社」というのはどうだろう、と提案したことから生まれた。現在は教員をしている彼女はそのころ朝日新聞社で広告の仕事をしていて、「出版もいいけど、新聞社には事業部というところがあって、面白そうなことをしているよ。本もつくっているし」というので、草刈さんは朝日新聞社文化事業部の採用試験を受けて入社した。

最近でも、美術館や博物館、あるいはデパートなどで行われる展覧会のコンテンツは、実質的には新聞社がつくっていることが多い。美術館・博物館にそのような予算と能力が足りないからだ。とりわけ海外の美術館から作品を借りて展示するような展覧会の場合は、美術館・博物館よりも新聞社のほうが人脈も動かせるお金も豊かだ。新聞社には長年積み重ねてきたノウハウもあり、それは美術館・博物館にとっても新聞社にとっても好都合だった。新聞社にまかせることで美術館・博物館は少ない予算と人材で大規模な展覧会を開催できるし、新聞社の宣伝力を使えばたくさんの来館者を集めることができる。新聞社にとっても展覧会事業は収入になるだけでなく、たとえば招待券は新聞の拡販材料にもなるし、文化事業として社と新聞のイメージアップにもなる。草刈さんは朝日新聞社の事業部で展覧会づくりのノウハウを身につけていった。

朝日新聞社で草刈さんが関わった展覧会には、「ミッフィー展」「ブルーノ・ムナーリ展」「アーツ&クラフツ展」「スヌーピー展」「プーシキン美術館展」「ルーヴル美術館展」などがある。わたしは「アーツ&クラフツ展」で少しだけ草刈さんと仕事をしたことがある。展覧会そのものではなく、PRするサイトにエッセイか何かを寄稿したのだったと思う(記憶がかなり曖昧だ)。そのとき「へえ」と驚いたのは、PRのサイトを立ち上げるだけでなく、「LIFE & ART」というステッカーをつくって配るなど、展覧会の認知度を上げるためにいろいろとしていることだった。展覧会の図録もよくあるものとはぜんぜん違っていて、丸背の上製で天金だった(天金というのは上部の小口に金を塗る装丁の方法で、それは装飾的な意味だけでなく小口が焼けたり埃や黴が入り込むのを防ぐという実用的なものでもあるのだが、もちろんいまではすっかり廃れてしまっている)。造本を芸術の領域にまで高めたウィリアム・モリスとその周辺を紹介する展覧会にふさわしい、しかし贅沢な図録——というか書籍だと感動した。いささか手垢のついた表現をするなら、草刈さんの仕事は展覧会の魅力を最大化することなのである。

しかし、やがて草刈さんは組織の中で居心地の悪さを感じるようになる。その背景には朝日新聞社事業部という個別の事情というか特殊性もあったかもしれないし、バブル崩壊や生産年齢人口の急激な減少やインターネットの台頭などメディア環境の激変によって、新聞社の経営が悪化していく時代の変化もあったかもしれない。

「僕は会社にすごく貢献したと思うんだけど、好きなことだけやってると思われているとか、なんかあんまり評価されていないというか、つまんないなあとあるとき感じはじめたんですね」と草刈さんはいう。

象徴的なできごとがあった。2012年、草刈さんは「マウリッツハイス美術館展」を担当した。フェルメールの「真珠の耳飾りの少女」が来た展覧会である。来場者は東京会場で75万人、神戸もあわせると130万人。もちろんたくさんの人に見てもらえるよう宣伝を大量に打った結果であり、目論見どおりの大成功だった。

「でもそのとき、僕は会場の中に入りたくなかった。お客さんが並んでいて、会場には並んでもらう線を引いて、絵の前にいるスタッフはひっきりなしに『立ち止まらないでください』といっている。僕らがいわせているんですよね。『次の方のために前にお進みください』って。そんなところにいたくないと思った。でもその状況は僕が深く関わっていたから出現したのであって、つまり僕は矛盾しているんですよ。でも、居心地の悪さを感じる一方で、来てくれているお客さんはどうなのかということもある。大混雑しても必ずしもいやじゃないというか、フェルメールを見るイベントに参加したことで『よくぞここまで来たものよね』という気持ちもあるように見えて。そういうことも含めてなんか変だなと思った」

その違和感は別のかたちで深まる。同じく2012年、草刈さんはアニメーション作家、加藤久仁生の展覧会を手がける。加藤久仁生は2009年に『つみきのいえ』でアカデミー賞短編アニメーション賞を受賞した人。会場は東京・八王子市夢美術館。

「フェルメールの75万人に対して、こちらは8千人でした。でも夢美術館の展示室に入ると、『いつまでもここにいたい』と感じる。来ている人たちは、誰にも強要されていないんです。来たいから来て、いろいろなことを感じている」

フェルメールと加藤久仁生、75万人と8千人。それは強烈な体験だった。もちろんどちらが正しいかということではない。だがものごとが来館者数という数字で評価されてしまうことも否定できない。それが伏線となって、ブルーシープ設立につながる。

江上さんと知り合ったのはある漫画家の展覧会を企画したのがきっかけだった。アートディレクターの祖父江慎に紹介されて初めて会ったとき、「今年いっぱいで会社(小学館)

を辞めようと思っているから。僕に相談してもあんまり意味ないかもよ」というようなことを江上さんは草刈さんに告げたのだった。草刈さんも朝日新聞社を辞めたいと思っていたので、「僕も会社を辞めようと思っているんです」といい、初対面にもかかわらず盛り上がり、辞めるときに生じる具体的な事柄についてあれこれ話したのだった。2度目に会ったとき、江上氏から「一緒にやらないか」と誘われた。江上氏と最初に会ったのが2014年4月。その年の12月1日、42歳の誕生日に草刈さんは朝日新聞社に辞意を伝えた。辞めるにあたっては多少会社とギクシャクしたそうだが、それについては割愛。

会社を設立するために草刈さんがやったのは、まずはいろんな人に会うこと。独立後も展覧会の企画・制作やそれに関連した書籍の刊行を事業の中心にしていくつもりだったから、この分野のさまざまな人に会った。

草刈さんが思い描いていた仕事は2つあった。1つは展覧会の企画・制作。「○○展」という企画を立てて、会場となる美術館を募り、お金を集めて実行に移す。併せて書籍（図録）をつくったり、グッズをつくったりして、そこでも稼ぐ。2つめはコンサルタント的な仕事だ。

「美術館の中でビジネス・セクションというのはすごく弱いんですよね。公立の美術館だったら、自治体の職員が人事異動で来ていて、2年おきに交替するから、たとえば広報担当も人がころころ入れ替わる。朝日新聞社の事業部では、広告宣伝とか協賛企業とかを有機的に束ねて、価値を上げてお金を集めるというのが僕の得意なことだった。だから既存の美術館にもそういうかたちで入っていくことが可能かどうか、いろんな人に会って感触を聞きました」

資本金は９００万円。江上氏と草刈さんが４５０万円ずつ出した。ふたりともまったく対等な関係の代表となった。オフィスは飯田橋駅からすぐ近くの雑居ビル。エレベーターもない古いビルで、家賃は破格に安かった。草刈さんにインタビューするため訪ねたわたしは、ハードボイルド小説の探偵事務所みたいな感じのビルだと思った。

定款には展覧会の企画・制作・物販、出版、編集、飲食、広告制作など、関係しそうなことはなんでも盛り込んだ。なんでもやれると思った。

先述のとおり、ブルーシープという社名は草刈さんの妻が考えた。未年だったので羊。で、青臭い。青羊（社）という名前が浮かび、それを英語にした。sheepはfishやdeerと同じく単複同形。江上さんもさくらももこに相談したが、酔っていたからか出てくるのははちゃめちゃなものばかりで、採用できそうな案はなかったそうだ。ちなみに漫画家のしりあがり寿と西家ヒバリ夫妻の事務所は有限会社さるやまハゲの助といい、ある編集者は「宅急便を送るたびに、ヤマトの人から『ふざけるな』と叱られるのではとビクビクしている」といっていた。

「ありそうで、ないものを」という企業理念について、草刈さんは次のように話す。

「こうすれば売れるとか、こうすれば面白いとか、なぞっていくことが多い世の中だと思います。だけど、ものすごく飛躍したことはできない。20年前、30年前の人たちは、ありそうでないことを探していたという気がしますが、いまはそれすらなかなかできなくなっている。ジャンプはしないけど、つま先立ちぐらいはしているよ、という気持ちです」

展覧会は企画してから実現するまで3年ぐらい時間がかかる。会場が美術館や博物館であれ、デパートであれ、たいていはそのくらい先まで決まっている。どんなにいい展覧会でも、すぐにというわけにはいかない。

作品を借りて集めるにはお金がかかる。借用料はピンからキリまで、しかもケースバイケースだが何百万円という単位だ。輸送料もかかる。どんな展覧会でも、2~3千万円はかかる。それを巡回する会場で分担する。会場が多ければ多いほど、1館あたりの費用は少なくなる。ブルーシープは集めたお金を切り盛りしながら、展覧会をつくっていく。

「たとえば会場となる美術館と契約して、3000万円で開催するということになる。でも3000万円では足りないとなれば、不足分を僕らが集める。企業に協賛をお願いしたり。美術館にも、会場を設営したりスタッフを用意する役割があり、お金が足りないと美術館自身がお金を集めることもあります。企業に協賛してもらうときは、アーティストのこの作品は企業の活動に使ってもいいよ、というような条件を出すこともある」

多くのことが交渉によって決まる。しかも相手はキューレーター（学芸員）やコレクター、美術評論家・研究者、会場設営の空間デザイナーや施工する大工など多様だ。皇族が展覧会を見に来るというときは、警備担当者とも打ち合わせをしなければならない。社交が苦手ではできない仕事だ。

客観的には、ブルーシープは展覧会を企画・制作する会社で、編集・出版はそれに附随する事業である。ブルーシープ全体の売上に占める書籍の割合も多くはない。その書籍（展覧会図録）も、7〜8割は展覧会場で売れて、残りの2〜3割をトランスビュー経由で書店販売する。この数字だけを見れば、ブルーシープは展覧会の企画・制作に注力して、展覧会図録の編集・出版は外部に委託するというかたちをとってもいいはず。だがブルーシープは出版社で（も）あろうとしつづけている。なぜなのか。

「なぜ本を出すのかというと、ひとつはビジネスであり、ひとつは展覧会を動かす大きなメディアでもある、ということですよね」と草刈さんは話す。書籍による利益はごくわずかだが（赤字にはなっていない）、しかし出版もしているということでブルーシープの売上が2〜3割増えている、と草刈さんはいう。どういうことだろう。

「新聞社が展覧会事業をやるときのいちばんの強みは、新聞という媒体を持っているということなんです。たとえばお正月の紙面には年間の展覧会が紹介されてる。展覧会が近づくと、紙面をかなり割いた記事も出る。単発ではなく連載になることもある。年間の枠があって、そのなかで展覧会の規模に応じて割り振っていきます」

新聞社、とりわけ全国紙は巨大なメディア産業だ。紙の新聞だけでなく、近年はデジタルにも力を入れている一方、全国に販売店網も持っている。たとえば販売店が拡販材料として展覧会のチケットを使うこともある。また、テレビ局は新聞社と資本関係がある。ひとつの展覧会について、多重的に広報・宣伝できるのが新聞社事業部の優位性だ。

「展覧会の企画会社というのはちょこちょこあるんですが、そういうところに広報・宣伝機能があるかというと、何もないんです。僕は朝日新聞社の事業部にいたとき、よく出版社の人とも仕事をして、しょっちゅう企画の提案をしていました。本を出せば展覧会会場で売ることができるし、取次を通さないので利益率も上がるはず。新聞で取り上げることもできる。もちろんその話に乗ってくる出版社もあれば、乗らない出版社もありますが、

02

ブルーシープの場合

展覧会の企画会社を自分で興したら、それに関わる書籍も自分で出せばいいよな、とずっと思っていました」

展覧会の図録は商品として考えるとかなりうま味がある。取次も書店も通さないので流通マージンはそのまま利益になる。売上も展覧会場側から2か月後には支払われる。宣伝費もかからない。草刈さんによると、うまくいけば入場者数の1割ぐらいが図録を購入する。そのなかには、展覧会を見たら必ず図録を買うという人がいる。全体の2〜3％ぐらいだ。展覧会がよかったら買う、図録がよかったら買う、という人が7〜8％ぐらい。合わせて10％ぐらい。ただし、これはひとつの目安で、展覧会によって、そして図録の内容によって変わる。

「ふしぎなことに、本としてのできがよければ売れるというものでもないんです。つくった結果が意外と数字に反映されない。内容もいいし、値段も抑えたのに、あれっ？ということもある」

展覧会の印象に左右されることも多い。記念品というかスーベニール感覚があるので、展覧会場で得た感動をそのまま持ち帰りたい、後で反芻・反復したいという気持ちだ。アニメ関連のように趣味性の高い展覧会になると、購入者比率はもっと高くなるし、ひとりで2冊買う人もいる。1冊は鑑賞用、1冊は保存用。

　草刈さんは、自分で出すなら展覧会会場限定の図録としてではなく、広く一般の書店でも販売されるような書籍として出そうと、朝日新聞社在籍中から考えていた。

「一般の書店でも売れれば分母も大きくなるし、やっぱり本というのはメディアですから。書店に置かれる、書店員が発信する、買った人がいる、ということは大きな強みになると、朝日新聞社にいるときからわかっていました」

　ただ、そのためには、いままでのつくり方ではだめだということもわかっていた。

　普通の展覧会図録は、会期が始まるギリギリに完成する。オープニング前日にやっと製本所から届いて、その夜に開かれるレセプションで配られるという綱渡りみたいなことも珍しくない。

　それと、これは草刈さんの発言ではなくわたしの感想だが、展覧会図録は書籍として見るとクオリティが低いものが少なくない。展示される作品と参考作品の図版がキャプションとともにただ並んでいるだけで構成に工夫がない。テキストもたいていは美術館の学芸員や評論家のもので、評論家はともかく学芸員の文章はあまりうまくない。そういえば以前ある関係者が、「ウチの学芸部長、文章がへたくそなんだけど、手直しすると不機嫌になるから、そのまま印刷に回すしかないんだよね」といっていた。社内報で役員の随筆に手を入れられないのと似たようなものである。図版の印刷やデザインのクオリティもいまいちのことがある。人気の展覧会では会期中に図録を増刷することもあるが、初刷と2刷では色の出がぜんぜん違うこともある。それでも売れるのは、ひとつには〝お土産〟〝記念品〟の感覚があるからで、もうひとつは出版社がつくる美術書に比べて〝お得感〟があるからではないかと思う。

草刈さんがブルーシープでつくりたかったのは、そうした従来の図録ではない、ちゃんとした書籍として通用するものだった。

「展覧会が始まる1か月前には出したい。1か月前だと、ちょうど展覧会のチラシもできているころです。書籍と一緒にチラシも書店に置いてもらう。書店に対しても『これ、宣材になりますよ』といえるし、展覧会の宣伝もいろいろ始まるので書店も積極的に扱ってくれる。書店によく足を運ぶ人は展覧会に関心を持つ人とも重なるので、メディアとしての機能は新聞ほどではないにしても、本を大事にしたい」と草刈さんはいう。

その典型的な例が「ルート・ブリュック　蝶の軌跡」だろう。同展は東京ステーションギャラリーで2019年4月から6月まで開催されたのち、伊丹市立美術館、岐阜県現代陶芸美術館や新潟県立万代島美術館に巡回した。ルート・ブリュックはフィンランドの作家で、陶板やモザイク壁画、テキスタイルなどを制作した。北欧では大切にされている作家だが、日本で知る人は少ない。

　そこで草刈さんは展覧会が始まる半年前に、図録とは別に1冊の本を刊行した。『はじめまして、ルート・ブリュック』というその本は、その名のとおり、ルート・ブリュックを紹介する内容。「蝶」「母と子」「色」など9つのキーワードで章を立て、作品の写真とともに、皆川明や酒井駒子、志村ふくみなどが文章を寄せた。

「展覧会の図録ではやらないことだけをまとめて本にしました。展覧会は通常、クロノジカルに初期・中期・後期と並べていったり、特徴によって分類したりするわけですが、ルート・ブリュックのように、初めてその作家に触れるとき、お勉強っぽいのはどうなんだろう、と思って。学術的な研究とは関係なく、フィンランドの家族とも相談しながら僕らがキーワードをピックアップして並べました。でも、ただ並べただけでは弱いので、みんなが知っているクリエイターたちに言葉を寄せてもらったんです」

　展覧会と書籍の作成にあたって、草刈さんは写真家でデザイナーの前田景をともなってフィンランドを訪れている。前田がたくさんの写真を撮っていたが、写真をどういうふうに使うかは決めていなかった。帰国後、本をつくりながら、写真を最大限利用した。16ページで1章になるようまとめられ、章ごとに使う紙を変えた。16ページのZineを束ねたようにしたかったので、コデックス装にした。

こんなふうに自由に本をつくれるのは、ブルーシープが展覧会の企画・制作と図録・書籍の出版の両方を手がけているからだ。美術館から受託して図録だけつくるのだったら、とても不可能だろう。そもそも図録とは別に展覧会の半年前に本をつくるなんてできないし、そのためにフィンランドまで行くのも無理だ。また、ブルーシープが展覧会の企画・制作だけ請け負う会社だったら、展覧会が大きな話題になることもなかっただろうし、東京以外のいくつもの館に巡回することもなかった。「有機的」という言葉をわたしたちは日常よく使うけれども、ブルーシープの場合は展覧会の企画・制作と書籍の刊行とがほんとうの意味で有機的に結びついている。

「たとえ書店でぜんぜん売れなかったとしても、展覧会場では売れるんですよ。だから本には『先に行ってこいよ。売れなくて討ち死にしたら、展覧会の会場で売ってやるからな』と送り出してやれる」と草刈さんはいう。

ブルーシープが手がけた展覧会のなかで、出版界ともっとも親和性が高いのは「世界を変える美しい本　インド・タラブックスの挑戦」（2017～2019）かもしれない。タラブックスは南インドにある小さな出版社で、土地に根ざした絵画や物語をシルクスクリーンで印刷した本をつくる。現代のデジタル化された本づくりに慣らされたわたしたちにとっては衝撃的だった。

「面白い出版社があって、つくっている本が素晴らしくて、先住民族の名もない人たちが描いた絵が素晴らしいから、その原画を見てください、というようなことではなくて、タラブックスの活動の本質的な部分が、じつは現代の日本の出版やものづくりに欠けているのではないか、ということを伝えたいと思って」

それには展覧会を開いて会場で図録やポスターを売るだけでは足りない、と草刈さんは考えた。そこでコクヨホール（現在は営業終了）を借りてシンポジウムを開催した。インドからはタラブックスのギータ・ウォルフとV・ギータが参加。日本からは内沼晋太郎（ヌマブックス、B&B）や三島邦弘（ミシマ社）、矢萩多聞（画家・装丁家）らが参加。費用はコクヨの大きな協力もありつつブルーシープの持ち出しとなったが、その効果は十分あったという。

「（いまの日本の本のつくり方は）まず著者が決まっていて、テーマがあって、原稿ができあがったところでデザイナーが入って、なんとなく1400円とか1800円とかっていう値段が決まっていて、という流れだと思うけど、タラブックスはぜんぜん違う。まず著者もデザイナーも含めて全員が集まって、何をつくろうか、というところから始まる。それは無駄なようで無駄がなくて、結果的に出てくるものは本というかたちをしているし、本として流通していくけど、なんか可能性を広げるものづくりだなあと感じた」

展覧会は当初、板橋区立美術館と刈谷市美術館の2館しか決まっていなかったが、その後、足利市立美術館や細見美術館（京都府）、三菱地所アルティアム（福岡県）、さらには韓国などにも巡回して大成功となった。会場では展覧会図録のほか、タラブックスがシルクスクリーンで印刷した特製ポスターやタラブックスの書籍、タラブックス製のカードやノート、バッヂ、トートバッグやTシャツなどを販売した（トートバッグやTシャツの販売は現在もつづいている）。

ナナロク社と協同でつくった『フェルメール』は、タラブックスの影響を受けたものだと草刈さんは話す。この本は写真家で文筆家の植本一子がフェルメールの絵を見るために7カ国17の美術館をめぐる旅をするもの。通常の画集とは違って、絵を見る人の後ろ姿まで写り込んでいることで話題になった。

「タラブックス展をやって、社会的意味合いみたいなものを発信できたのもよかったし、自分たち自身のことなんだという思いも強く生じた。フェルメールの本も、最初は、フェルメール展で売れるような、フェルメール展の宣伝になるような本をつくればいいんでしょ、と思っていた。トラベルガイドみたいな、ハンディで手軽な本をつくってたくさん売ろう、と。だけど、タラブックス展をやったことで、そういうつくり方じゃつまらないと思えてきた。どういう企画ならあり得るだろうかと考えているうちに、世界中の全点を撮り下ろしたらおもしろいんじゃないかとか、絵を見たときの体験が詰まっているような本をつくりたいなと思って、ナナロク社の村井光男さんに声をかけた」

すべてをナナロク社と半分ずつということにした。経費も利益も。本のつくり方は何も決めず、植本一子とデザイナーの4人で取材に出た。じつは企画が持ち上がったとき、植本は夫のECD（ラッパー）が癌の末期で最期の日が近づいていた。草刈さんが気づかいながら打診すると、「夫のことがあるからこそ、この仕事をやりたい」と植本はいった。

2019年7月にブルーシープはオフィスを吉祥寺に移転した。吉祥寺駅から徒歩6〜7分ほどのビルの2フロアを借り、乃木坂にあったギャラリーもこちらに持ってきた。この稿の冒頭にも書いたように、八王子市のPLAY!のオープンも控えてスタッフも増え、すべてが順風満帆に見えた。ところがコロナのパンデミックが襲う。

「1年あまりの間に、語りきれないくらい、覚えていないくらい、いろんなことが起きました」と草刈さんは話す。パンデミックの収束が見えないいま、「いろんなこと」は進行中でもある。

02

ブルーシープの場合

まずPLAY!のオープンが延期された。当初の予定は20年4月10日で、もちろんすべてがそれに向かって動いていた。ブルーシープとしては美術館の仕事はスヌーピーミュージアムに次いで2件目だが、関わり方としてははるかに大きい。草刈さんをのぞいて10人いるスタッフのうち「3・5人ぐらい」がPLAY!に関わっている。ブルーシープは展覧会の企画だけでなく、全体の運営の中心でもある。

「延期するという判断はギリギリまでできませんでした。施設は2階建てで、1階が美術館とショップとカフェ、2階が子供たちの遊び場。美術館は人と人が密着しないし、基本的におしゃべりしませんから、それほど感染の危険性は高くない。ルール化もしやすいですし。だから最初は楽観してたんですが、いろんな施設がバタバタと閉じてロックダウンのようになってきた。結局、ふた月延期して6月10日オープンにしました」

オープニングは「エリック・カール　遊ぶための本」展と「tupera tupera のかおてん.」。もともとは4か月間の予定だったが、コロナ禍事情により2か月間延長して12月末までとなった。

オープンはしたものの、開業ムードもなく出控えがつづき、入場制限をしながらだったので、入館者数はかなり厳しいものだった。

「たいてい『これぐらいいくといいな』という数字と、『これを下回ると赤字だぞ』という数字の、ふたつがあると思うんですが、赤字のラインを大幅に下回ってしまった。もっとも、ほかの展覧会も予算の半分から3分の1ですから、『まあ、こんなものか』とも思いましたが。オープンしてからも、感染者数の増減にともなって入館者も減ったり増えたりしています。厳しい状況がつづいています」

入館者が少なければ、展覧会図録もあまり売れない。

ただ、学ぶことも多い1年だったという。21年1月からは『「がまくんとかえるくん」誕生50周年記念　アーノルド・ローベル展』、4月からは『みみをすますように　酒井駒子』展がはじまり、客層もオープニング展とは変わって、親子連れから大人ひとりが増えるなど変化した。

「いままでは展覧会をつくったら、それを展示して、僕らの仕事は終わりだった。でもPLAY!では、僕らはそこにずーっといるわけです。会期中に起こっていることが毎日見られる。たとえば、けっこう力を入れてつくったと自負している部分が、お客さんにはあまり見てもらえなかったり、またその逆もあったり。僕も週のうち2~3日はPLAY!にいて、週に1回はミーティングもしているので、気がついたところを修正していくこともできます。ローベル展では手応えもありました」

もちろん楽観はできない。PLAY!についての収入は、固定と入館者数に応じたインセンティブとの2階建て。入場者が少なければ、それだけ収入も減ってしまう。展覧会図録の売上も。また、PLAY!は民間施設なので、採算がとれなければ撤退ということもあり得る。今後のことはコロナ禍の状況次第だ。

出版界にはある伝説というか神話のような話がある。「もうだめだと思ったときに、救いの神があらわれる」とか、「倒れかかったときに、助けてくれるロープが降りてくる」なんていわれる。ここではあえて社名・書名を挙げないけれど、倒産寸前のときにベストセラーが出て救われたなんていうのはよく聞く。逆にいうと、経営状態が綱渡りの出版社がいかに多いか、ということでもあるのだけれども。コロナ禍の影響をまともに食らったブルーシープにも、そんな救いの神があらわれた。

「最終的にはなんとなく帳尻が合いました。ただ、この1年で見えてきたものもあります。これまでブルーシープはけっこう放漫経営というか、あまり細かいことを気にしないでも、なんとなく黒字が出て、うまくいっていたんです。それがコロナで厳しいことになった。すると、いままで偶然のヒットによって隠れていた問題点がいろいろむき出しになった」

改善点が見つかったということでも、コロナ禍の経験は大きかったのである。

case
03

三輪舎の場合

SANRINSHA

家事の多くは基本的に僕がやっています。
出版社をつづけられると同時に、
家族のみんなも機嫌よくいられる。
いろんなことが持続可能になっている

中岡祐介さん

中岡祐介さんが三輪舎をつくったのは、自分の暮らし方を考え直すためだった。まっとうな暮らしをしたいと思ったのだ。それまで中岡さんはカルチュアコンビニエンスクラブ（CCC）に勤務し、出張の多いきわめて忙しい日々を送っていた。初めての子供が生まれる日が近づいた夏の日、中岡さんは北アルプスの常念岳に登った。山頂の近くで、岩に腰かけて笛を吹いている男性を見かけた。中岡さんはその笛の音を聞きながら、「山を下りたら、会社を辞めよう」と決めた。2013年の7月だった。

中岡祐介さんは1982年3月生まれ。茨城県の旧勝田市、現ひたちなか市の出身。お父さんは高専の物理の教員で、お母さんは専業主婦だった。

大学と大学院では映画を研究した。学部の卒論はパゾリーニ。しかし後期パゾリーニを研究するうちにだんだんパゾリーニが嫌いになり、修士論文はジャック・タチについて書いた。この一件は中岡さんの性格を象徴しているように思う。スキャンダラスでアヴァンギャルドなものへの関心と、心優しいコメディへの愛着と。

修士課程を修了後、中岡さんが選んだ就職先はCCCだった。TSUTAYAや蔦屋書店を運営する会社で、現在は傘下に徳間書店やCCCメディアハウス（旧阪急コミュニケーションズ）、美術出版社など出版社も持っている。

「就職活動というものがいやでいやで、早くイチ抜けしたかったんですよね。とはいえ映画はずっとやっていこうと思っていて、留学したかったけどお金がない。就職してお金を貯めようと思い、CCCに入りました」

映画・映画館に関連した事業部門で働くことを望んでいたし、採用時の面接ではそんな話で盛り上がったにもかかわらず、配属されたのはTSUTAYA TOKYO ROPPONGI（現・六本木蔦屋書店）だった。店内にスターバックスコーヒーを併設し、書籍や雑誌を持ち込みながら飲食できる、ブック・カフェの先駆け的な店舗である。当初、出版界では賛否両論だったが、いまでは一般的になった「本で集客し、飲食で収益を上げる書店」というビジネスモデルはここからはじまったといってもいい。書籍・雑誌の品揃えは美術・写真や映画、音楽などカルチャーを重視していて、当初のコンセプトづくりにはかつてマガジンハウスで『ポパイ』や『ブルータス』を育てた石川次郎が関わり、のちにブックディレクターとして独立する幅允孝が選書を担当した。中岡さんが配属されたころ、日々の運営は中岡さんたちCCCの社員やアルバイトがやっていた。

「僕はアートブックの担当で、青山ブックセンターやナディッフの品揃えを参考にしていました。そのときの経験が現在までつながっています。いつか自分で書店を経営しようと心に決めていました」

いつか書店をという気持ちは、後述するように創業6年後の2020年2月にかなう。

TSUTAYA TOKYO ROPPONGIは営業時間も労働時間も長く、たやすい仕事ではなかったが、毎日が楽しかった。お金を貯めて留学するという計画はいつのまにか消え、「映画じゃないな」と思った。中岡さんはずっと書店で働きたいと思っていたが、異動の辞令が下りる。新しい仕事はCCC本部でのバイヤーだった。レンタルCDのバイヤーを2年、その後はスーパーバイザーとして店舗を回った。所属は埼玉県・大宮を拠点にした支店で、中岡さんの担当は北海道・東北だった。自分で車を運転して、広大な北海道と東北の店舗を回るのである。もちろん雪が降ったり路面が凍結したりする真冬も。

スーパーバイザーの仕事は、フランチャイズ店を見て回り、問題点を指摘したりオーナーの相談に乗ったりすることだった。DVD・CDのレンタル専門店に改装を提案して書籍・雑誌の導入を勧めるなど、中岡さんの好きな仕事もできた一方で、本部の方針や加盟企業側の意向に振り回されることも多かった。深夜までの残業や長期の出張はあたりまえで、肉体的にも精神的にも限界を超えていた。学生のとき出会った女性と結婚したものの、家庭生活と呼べる時間はないに等しかった。

「逆にいうと、ああいう経験があったおかげで、いまのように仕事と暮らしをできるだけ近いところにしようという考え方になりました。その後、住まいのある神奈川県の担当に替わって出張はなくなりましたが、仕事の忙しさは相変わらずで、根本的に仕事と暮らしが両立する仕事をしたいと思いましたが、それが可能な会社勤めをイメージできなかったんですよね。本屋をやりたいと思いましたが、本屋はお金がないと無理ですから」

CCCのスーパーバイザーだった中岡さんに「本屋はお金がないと無理」といわれてしまうと返す言葉はないが、ともかく書店創業はすぐには無理としても、本づくりならできると中岡さんは考えたのだった。

もっとも、この時点で中岡さんに本づくりの経験はない。ただ、2歳下の妻は小さな学術書出版社に勤めていて、本づくりのことは編集から校正までよく知っていたから、まったく見当もつかないというわけでもない。

「(つくったことはないけれど) できる、という変な自信があったんです。本を売るように本をつくれるんじゃないか、と。とりあえず思いつく限り企画を考えて並べてみたら、意外といけるんじゃないかと思えてきて。ちょうどトランスビューが取引代行をはじめた時期で、いろんな選択肢があると思いました」

そのころ、妻の妊娠がわかった。子供が生まれたらなおのこと暮らしと仕事の両立が大切になる。CCCを辞めようと思ったが、なかなか正式には伝えられなかった。

そんなある日、知人から山登りに誘われ、常念岳と蝶ヶ岳を縦走した。中岡さんは高校で山岳部に所属していて、日本アルプスの山をよく登っていた。この常念岳で経験したのが冒頭のエピソードである。

「山の上で笛を吹いている人がいたんです。このとき、憑きものが落ちたような感じで、下山したら会社を辞めて、会社をつくろうと決めたんです」

会社からは「考え直せ」と強く慰留されたが、気持ちは変わらなかった。

出版社をつくろうと決めたものの、お金はなかった。毎月の給料は会社員らしく飲み会代で消え、貯金はまったくできなかった。退職金もない。

「退職金は日本版４０１Ｋ（確定拠出年金）なので、自分で運用しなければならない。辞めたときはほとんど貯まってなかった。７、８年しかいませんでしたから」

創業資金は妻に借りた。行政による起業支援の融資も受けた。

ＣＣＣを辞めて自分で出版社をつくることに妻も賛成だった。あまりにも忙しく働く中岡さんの姿を見て心配だったのだろう。出産の直前で夫が会社を辞めて起業することに不安もあっただろうに、そんなことはチラとも見せなかった。

「妻はずっと応援してくれています。子供が生まれるにあたって、ＣＣＣを辞めれば経済的に苦しくなることはわかっていたけれども、それ以上に僕が家にいるということが重要で、やっぱり生き生きとしていてほしかったんだと思うんですよね」

横浜市菊名にマンションを買っていたということも、安心材料のひとつだった。住まいさえ確保できていれば、現金収入が減っても暮らしていけるだろうと思った。子供が生まれても夫婦で1・5人分の稼ぎがあればなんとかなる、というのが中岡さんの計算だった。常念岳山頂で笛の音を聞いて会社を辞める決心をしたとか、給料は飲み代に消えてまったく貯金ができなかったという話だけ聞くと、計画性がなく衝動的にものごとを決める人であるかのように感じるが、後述するように中岡さんの強みは数字をきっちり押さえることだ。1・5人分の収入があればやっていけるとか、どれくらいのコストをかけてどれくらいのペースで本を出していけば持続可能かなど、大局的な数字を押さえたうえで行動を選択している。三輪舎が7年つづいてきた理由もここにある。

会社を辞めたときは気分爽快だった。働きながら設立を準備しようと、4か月ほど青山ブックセンターの本店でアルバイトをした。

出版社をはじめるにあたって、理念として考えていたのは、暮らしと仕事を限りなく近づけて、そういうテーマで本をつくるということ。モデルになるのは花森安治。『暮しの手帖』をつくった編集者だ。花森安治のエッセイ集に『一戔五厘の旗』（暮しの手帖社）という本がある。1971年に出て、いまも版を重ねている超ロングセラーだ。中岡さんはこの本をCCC入社1年目のときTSUTAYA TOKYO ROPPONGIで購入した。ちなみに支払いはCCCのボーナスとして支給されたTポイントだった。

「会社名も『一銭五厘の旗』、あるいは『一銭五厘社』にしようと思ったんですよ。でもちょっと長いし、書けない人も多いだろうから、無理だとあきらめました。でも『〜りんしゃ』という響きがいいなと思った」

もうひとつ「三輪舎」の由来となったのが、広島の原爆資料館に保存されている三輪車である。伸ちゃんという当時3歳の男の子が、三輪車に乗って遊んでいるときに被爆し、その夜に亡くなった。伸ちゃんの父は、翌日、伸ちゃんを庭に埋葬するとき、三輪車も一緒に埋めた。被爆40年後の1985年、伸ちゃんを墓所に移すことになった。一緒に掘り起こされた三輪車は資料館に寄贈された。このエピソードから中岡さんは会社名を「三輪舎」とした。会社のマークも伸ちゃんの三輪車の写真をトレースしている。

「出版界は自転車操業といわれますが、三輪車なら倒れないぞ、という意味もあります」

2014年の1月に三輪舎を設立した。資本金は150万円。前述したように、お金がなかったので妻に借りた。はじめは横浜・六角橋近くのマンションにオフィスを構えたが、自宅マンションの一室を事務所にすれば子育てにも金銭的にも両得であることに気づいて

4か月で自宅内にオフィスを移す。

12月、最初の本ができた。境治の『赤ちゃんにきびしい国で、赤ちゃんが増えるはずがない。』だ。会社設立からほぼ1年かかったことになるが、これには理由がある。じつは会社をつくるまで、中岡さんは具体的な企画を考えていなかったのである。会社をつくることに夢中だった。会社ができて、さてどんな本を出そうかと考えていたとき、Ｗｅｂの「ハフィントンポスト」で境治の連載を読んだ。取材を進めたいので、本の出版を前提に同伴してくれる人がいたら、という境のメッセージを見て、中岡さんは連絡した。他にも名乗りを上げた出版社はあったようだが、中岡さん自身が子育て中ということもあって、境は中岡さんを選んだ。

「これは後で気づいたんですが、僕より後に出版社を設立した方々を見ていると、みなさん、会社の設立前から企画を立てて著者に執筆依頼をして、会社設立と同時に本が出る、みたいな動きじゃないですか。僕はとりあえず会社をつくっちゃった。でも、逆に考えると、何の実績もない僕にとっては、株式会社であるということぐらいしか著者に訴えるものがなかったんですね」

それまで中岡さんは本をつくったことがなかったから、いきなりぶっつけ本番のＯＪＴである。つくり方はすべて人に聞いた。たとえば印刷や製本のことは印刷所の人に聞いた。

紙にはたくさんの種類があることや、製本にもいろんな方法があることを初めて知った。

デザインは著者の境が間借りしていたデザイン事務所に頼んだ。校正は妻が手伝ってくれた。ただし、中岡さんは数字には強かった。ここでCCCでの経験が生きた。「お金さえ間違えなければ、そんなに失敗しないだろうと思った」と中岡さんはいう。「こういう本は、これくらいの値段なら売れるだろう」という値ごろ感もCCCや青山ブックセンターで把握していたので、印刷所の見積もりをにらみながら適正価格を探った。『赤ちゃんにきびしい国で、赤ちゃんが増えるはずがない』は1400円に設定した。

本を1冊つくるのにかかる費用は100万円から150万円ぐらいだろうと予想していたが、実際にかかったのは130万円ぐらいだった。組版は自分でやったので、外注していたら150万円を超えていたかもしれない。

初版部数は3000部。この部数も根拠はないが、いろんな人の話を聞くうちに「本は3000部つくるものだ」と思ったのだ。初回の注文は1000部以上入った。著者の境は大いに喜び、「10万部ぐらい売れるかもしれない」といったが、中岡さんは浮かれていなかった。この受注状況について出荷代行をするトランスビューの工藤秀之は「中の上」と評したそうだ。中の上ならやっていけるかもしれない、と中岡さんは自信を持った。

書店営業について、相談した夏葉社の島田潤一郎から「とりあえず回ってみるといいですよ」といわれたので、まずは某ナショナルチェーンの書店に行ってみた。こんな本をつくりました、と店長とおぼしき人に本を示すと、タイトルすら見ずにISBNを端末に打ち込んで「他店にもあまり入っていませんね。うちはいらない」といわれてがっかりした。店長の一連の動作と態度に中岡さんは傷つき、「いまでもトラウマになっています」という。CCCでも、内容すら見ないで発注数を決めるようなところがあって、それもCCCを辞める理由のひとつだったのに、またこんなことに巻き込まれるのかとうんざりした。

書店にもいろいろある。売れる本しか置きたくないという書店と、売りたい本しか置きたくない書店という2種を両極に、その間にさまざまな書店がある。中岡さんが最初に訪問した書店はひとつの典型ではあるが、すべての書店が同様というわけではない。運が悪かったともいえるが、初っぱなからひとつの教訓を得たという点では幸運だったかもしれない。

がっかりした中岡さんは、「有無をいわせず欲しくなるような本をつくろう。本を置いてもらうための営業ではなく、置いてくれてありがとうの営業をしよう」と決心した。営業というと、渋る相手に無理をいって強引に本を置いてもらうイメージがあるが、そういう本はたいてい売れずに返品されてしまうものだ。

2冊目の布施太朗『父親（オトン）が子どもとがっつり遊べる時期はそう何年もない』は、

挿絵以外は中岡さんがデザインをした。独学で組版やデザインの技術を身につけたのだ。

「父が物理の教員だったので、小さいころから家にパソコンがありました。ある時期からはMacもあったし、illustratorなどアドビのソフトもいろいろ入っていた。だからパソコンアレルギーみたいなものは一切ない。組版も勉強すればできるだろうと思っていました。InDesignの教本を1冊買って、あとはネットの動画で勉強しました」

組版を自前でできれば、製作コストが圧縮できる。これは小さな出版社にとって大きい。

3冊目の『未来住まい方会議』を出した後、『本を贈る』と『つなみ』が出るまで、2年ほど新刊が出ない時期がつづいた。編集も出版もまったく経験のない状態から3冊の本をポンポンポンと出し、著者の反応も売上も良好で、反響もあった。手応えと満足を感じると同時に「そこからどうしたらいいのか、わからなくなっちゃったんですよね」と中岡さんは振り返る。

でもそのときも焦りはなかった。郷里である茨城県の仕事を請けたり、3冊の本をつくりながら独学で身につけたスキルを活かして、組版の仕事やWebデザインの仕事、Web記事作成の仕事などを請けた。だから新刊が出なくても、金銭的にはそれほど追い詰められなかった。

03

三輪舎の場合

いま三輪舎のオフィスは書店の2階にある。中岡さんの住まいがある菊名の隣町、妙蓮寺の商店街、石堂書店だ。石堂書店は家族経営のいわゆる「街の本屋」で、中岡さんは三輪舎をはじめる前からこの書店をよく利用していた。

三輪舎の自宅内オフィスも、子供の成長とともに手狭になり、また菊名の丘の上にあるマンションよりも、街の喧騒のなかで本づくりをすべきではないかと考えていたころ、石堂書店の3代目店主と雑談するうちに、書店の2階の空きスペースに三輪舎のオフィスを、という話になった。地元の不動産会社と石堂書店、そして三輪舎の3社で企画して、石堂書店をコワーキングスペースのついた複合型施設に建て替える計画も進行中なのだが、その話はとりあえず置いておいて、石堂書店の2階はコワーキングスペース「本屋の二階」となり、三輪舎はその奥の部屋に移転した。中岡さんは石堂書店の経営や「本屋の二階」の運営にも関わっている。道を挟んだ向かい側の、かつて石堂書店の支店というか離れがあったスペースに、「本屋・生活綴方」という別の書店をつくり、そちらにも深く関与することとなった。

中岡さんは、朝、3時に起きて自転車でオフィスに出勤する。6時にいちど自宅に戻って朝食をつくり、子供を保育園に送る。その足でオフィスに行って夕方まで仕事。5時にはオフィスを出て夕餉の買い物。保育園に子供を迎えに行って晩ごはんをつくる。妻が早く帰宅したときは、一緒に子供を迎えに行ったり妻が食事をつくったりすることもある。

「やってみたら、このスタイルがすごく合っていることがわかりました。家事の多くは基本的に僕がやっています。出版社をつづけられると同時に、家族のみんなも機嫌よくいられる。いろんなことが持続可能になっている」

幼い子供は、発熱したりケガをしたり「だいたい週に1回ぐらいは何かある」ので、親のどちらかがいつでも対応可能な状態というのは、家族全員に安心感をもたらす。

サイトの「三輪舎について」というページには、2014年1月12日の日付で中岡さんのマニフェストが書かれている。そのなかに〈速さを求められる自転車操業の世の中に対する、オルタナティブの活動を「三輪的」と勝手に形容したいと思います。／三輪舎は、三輪的な活動を応援して、「オルタナティブ」から「メジャー」へ少しでも近づけます〉という文章がある。

「オルタナティブって何なのか。（「三輪舎について」を）書いたときは明確に思い描いていたものがあったんですが、いまは敢えていわなくても普通に生活しているだけでオルタナティブ。普通の生活を送って生きている。楽しく朗らかに生きているということが、すごく幸せじゃないですか。（逆にいうと）それくらい大変な世の中だと思うんですよ。だから敢えて（オルタナティブとは）いわなくなったんですよね」

振り返ると会社員時代は生活というものがなかった、と中岡さんはいう。ずっと生活を渇望していた、と。「仕事一色で生活がない」といっていたときは、無意識のうちに仕事と生活を切り分けて考え、「生活がない、仕事と生活のバランスがとれていない」と嘆いていたのだと気づいた。CCCを辞めて三輪舎をつくり、職住接近の環境でふたりの子供を育てていると、仕事と生活は一体のものとなり、いつのまにかワーク・ライフ・バランスということすら考えなくなった。

「よく、子育てしながら大変だね、といわれますが、ぜんぜん大変じゃない。だって、すべての前提がそこですから。（子育てのために）仕事をセーブするというより、たんに仕事をしないだけ」

子育てのために何かを犠牲にしているわけではない。朝の3時から6時までオフィスで仕事して、子供たちを保育園に送った後の9時から5時までふたたび仕事というパターンは変わらない。土日と祝日は仕事をしない。

三輪舎をはじめたころは、自分を「主夫」あるいは「兼業主夫」と名乗ることもあったが、最近はそれもない。家事や育児は「主婦／主夫」だけがすることではなく、誰もがすることだと思うからだ。

いまの状態は非常に幸福だと中岡さんはいう。

コロナ禍のなか、中岡さんはどんな働き方／暮らし方をしていたのだろう。21年の3月、妙蓮寺のオフィスを訪ねた。

「上の子が小学校1年生で、こんど2年生。（20年4月の）入学式はありましたが、うちの子は行きませんでした。行かないまま休校になって、登校したのは緊急事態宣言が解除された6月からでした。下の子は保育園の年長組ですが、保育園も1か月か2か月ぐらい、休んだような気がします」

休校・休園している間、中岡さんは、コロナ禍前と同じように午前3時にオフィスに来て、正午まで仕事。その間、コロナ禍対策で在宅勤務になっている妻が子供の面倒を見る。お昼に中岡さんが自宅に帰って妻と交替するというパターンだった。

幸い、住んでいるマンションは同世代の子供のいる家庭や、子供好きの高齢者夫妻など、子育てに理解のある住人が多い。コロナ禍前から助け合うコミュニティが自然とできあがっていた。だから、コロナ禍についてはぜんぜん辛くなかったという。

一方、三輪舎の「大家」であり、中岡さんがアドバイザー的な役割を果たしている石堂書店では大変化があった。いわゆるコロナ禍の巣ごもり需要で大忙しとなったのだ。ターミナル駅ビルに入っているような大型書店はビルごと休業してしまったし、ふだんは都心で働く会社員たちもリモートワークになった人が多く、そうした人たちがどっと石堂書店にやってきた。妙蓮寺に住んでいる人はみんな石堂書店にやってきたし、なかには「隣町から丘を3つ越えて来ました」という人もいた。長年この界隈に住んでいながら石堂書店の存在を知らなかったという人もいた。出版業界紙などの情報を総合すると、緊急事態宣言下でも休業しなかった書店は、4月・5月の売上が前年の1・5倍から2倍近くにまで伸び、宣言解除後も前年を超える売上を持続している。それは1990年代末から縮小をつづけてきた「街の本屋」にとって、日照りのなかの慈雨のようなものでもあった。

20年の6月末、三輪舎は川内有緒の『バウルを探して〈完全版〉』を刊行した。コロナ禍がなければ、4月に出ていた本だが2か月遅れた。本を出すにあたって、中岡さんは葛藤し、悩んだという。

「もちろん4月に出したかったけれど、このまま出しちゃまずいぞ、と思いました。注文を取り始めると、書店のリアクションがすごく少なかった。いつもの4割減ぐらいの感触です。石堂書店のように大繁盛している店がある一方で、休業している店も少なくない。とくに三輪舎の本を置いてくれているところは休業が多かった。他のお店が閉まっているのに、営業できる店だけで売っていいのか、という思いもあった」

そもそも『バウルを探して』は幻冬舎から出て、幻冬舎文庫にもなった本だった。長く品切れ重版未定がつづいていて、それを増補した「完全版」として出した。著者の川内有緒も、3回目となる出版を喜び、刊行のタイミングは「いちばんいいかたちで出しましょう」といった。結果的に6月末というのはいい時期だった。というのも、「コロナ禍のさなかに、この本に出会えてよかった」という人が少なくなかったからだ。

中岡さんがディレクションしている「本屋・生活綴方」は、本店である石堂書店とはまったく異なる品揃えで、詩歌やアート関係の本、メジャーなルートでは流通していない本などを置いている。そこでは詩集や山尾三省の本などがよく売れていて「いま詩が求められているのだな」と中岡さんは実感した。20年12月に刊行したウチダゴウの詩集『鬼は逃げる』も、書店から「うちで置かせてください」という問い合わせがたくさん来た。数十冊という単位で注文してきたブックカフェもある。

2020年の三輪舎の売上は、目標の75%ぐらいだった。3冊刊行予定だった新刊は、結局、2冊しか出せなかった。「目標の25%未達は厳しいけれども、飲食など他業界に比べれば、これくらいで済んで、まだましと思わなきゃ」と中岡さんはいう。

『バウルを探して〈完全版〉』については、いくつかの書店で写真展やブックフェアを開催したが、いつも三輪舎が新刊を刊行するたびに開催するトークイベントなどはあまり実施できなかった。三輪舎にとっては写真展やトークイベントが営業活動でもあるから、これはちょっと痛い。

「本屋・生活綴方では、展示と小規模なギャラリートークを、あまり密にならないよう気をつけながら開けましたが、それがギリギリでした。トークイベントを各地でやりながら認知を広げていくというのが三輪舎のやり方だったので、キツかったですね。かといってオンラインに舵を切るというのも僕にはできなくて。やっぱり顔を合わせてやりたいから」

オンラインがいやだというのではない。たとえば『さよなら、男社会』（亜紀書房）に関するオンライン・トークイベントを著者の尹雄大を招いて本屋・生活綴方で開催したときは、70人の参加があった。参加費は2000円だったから、著者へのギャラやオンラインチケット取り扱いのPeatixへの手数料支払いを除いても、かなりの利益が出た。

「イベントであちこちの書店を訪ね、対面で本のことを話してやっとわかってもらえるような本をつくってきましたから、コロナ禍でそれができなくなるというのは打撃で、けっこう絶望していました。もう僕が本をつくっても、売ることができない、と思ったり、どうしようどうしようと思ったり。それは僕だけに限らず、他の出版社の人でも、営業して歩いて対面で本を薦めてきたという人は、僕と同じように絶望していました」

ネットでの販売も伸びた。アマゾンなどネット書店経由だけでなく、三輪舎のサイトの通販ページからの注文が多い。送料は1冊あたり100円だ。

ネット通販は伸びたけれども、電子化については「しないと決めている」という。

「電子化してクオリティが高くなる本だったら出したいんですけど、悪くなるじゃないですか。単純な読み物ってあんまりつくっていないんですね」

電子化するならば、既存の紙の本を電子化するのではなく、紙と電子の両方で出してもそれぞれに価値があるような本をつくりたいという。


中岡さんが三輪舎をつづけてこられた理由は何だろう。

「僕が、ほんとうに自分は幸運だなと思うのは、物欲がほとんどないこと。共働きで、ひとりで家計を支えていかなければならないわけではないから、のんびりとお金にならないこともできている」

こういって笑いながらも、7年間やってきて、1年に3冊つくる技術さえあれば、やっていける自信がある、と断言する。問題点としては1冊にかける時間が長すぎること。

「技術と経験のなさを埋めるのは時間しかないと思っているから、時間をかけちゃうんですよ」

サイトのトップページには

03

三輪舎の場合

「生活のことばをあつめる」出版社です。
〈おそくて、よい本〉をつくります。
と掲げられている。

case
04

フリースタイルの場合

FREESTYLE

いやなことはしない。したいことだけする（中略）
誰だってそうでしょう？
いやならやめればいいんですよ。
仕事なんてほかにいくらでもあるんだから

吉田 保さん

フリースタイル

フリースタイルの吉田保さんの肩書きは「社長」ではなく「編集長」。「だって、恥ずかしいじゃないですか。ひとりしかいないのに」と吉田さんはいう。

創業は1999年。この年は会社をつくっただけで、本の刊行は2000年から。最初に出した本は松本大洋の『メザスヒカリノサキニアルモノ若しくはパラダイス』だった。松本大洋は漫画家として知られるが、この本は戯曲だ。最初の本が漫画家による戯曲だったというところがフリースタイルらしいというか、フリースタイルのスタイル。

フリースタイルの、というか、吉田さんのいちばんすごいところは、「いやなことはしない。したいことだけする」をずっとつづけてきたこと。それも、「貫く」なんて肩に力の入った感じじゃなくて。「すごいなあ」というと、「誰だってそうでしょう？　いやならやめればいいんですよ。仕事なんてほかにいくらでもあるんだから」と素っ気なくいう。この「こだわらない」という感じも吉田さんらしい。まことにもってフリースタイル。

フリースタイルをつくる前、吉田さんは2つの出版社に勤め、フリーランスで働いていた時期もある。フリースタイルをつくってからも、他の会社に就職しようとしたことがある。でも結局、フリースタイルをつづけてきた。「つづける秘訣も何もなく、気がついたら20年が経っていた」と吉田さんはいう。「あと20年ぐらいはつづけようか」とも。

04

フリースタイルの場合

吉田保さんは1968年生まれ。高校卒業まで富山県の新湊市（現・射水市）で育ち、中央大学文学部に進んだ。学生のころは映画監督か脚本家になりたくて、映画研究会で8ミリ映画を撮っていた。学生映画出身の森田芳光や大森一樹が、商業映画を撮るようになっていた時代だった。

希望のところに就職できなかったので、4年で卒業して法学部に学士入学するつもりだったのが、単位取得のミスで卒論だけ残して留年。計画が狂ってしまった。

「卒業旅行へ行くつもりだったのに、友だちから電話がかかってきて、『おまえ、卒業できてないよ』と知らされた。嘘だと思ったけど、ほんとうでした」

なんだかコントみたいな話だけど、これで人生が変わった。法学部に行く予定だったから就職活動はしていない。5年目の授業料を出してくれた父は、生活費については自分で稼ぐようにといった。たまたま4年生のとき、西武百貨店池袋店コミュニティカレッジで松田哲夫と呉智英の講座を受けていた。呉智英の講座では丸山眞男を知り、法学部の政治学科に行きたいと思ったそうだ。筑摩書房の編集者だった松田哲夫の講座には毎回さまざまなゲストが登場した。そのころの松田哲夫は、文学全集なんて売れないといわれていた時代に『ちくま文学の森』を成功させたスター編集者だった。松田講座のゲストのひとりが、弓立社の宮下和夫だった。

弓立社は伝説的な出版社で、吉本隆明の講演録をはじめ、文芸書や人文書で知られる。女子高生ブームのきっかけになった森伸之の『東京女子高制服図鑑』などサブカルチャー色の強い本も出していた。

「ありがちな話ですけど、バイト先を探すとき、自分の本棚に並んでいる本の出版社に電話するじゃないですか。松田さんの講座で会った宮下さんにそのことを話すと、『バイトで来るか?』といわれたんです」

ただし、そのときの吉田さんとしては、弓立社はあくまでバイト先。ところが卒業できなかったため、アルバイトは週5日のフルタイムで働くことになった。4年生の就職活動のときは、大手出版社やテレビ局、広告代理店の採用試験も受けている。

「単行本の編集者になるというのは僕の頭になくて、女性ファッション誌のモノクロページをやりたかった。ようするに当時の『マリ・クレール』ですよ。ああいうのをやりたいという話を、集英社の面接で話したらけっこうウケました。結局だめでしたけど」

1年遅れで卒論を出したころ、宮下社長から「来ないか」といわれて翌年に社員として入社。アルバイトのときは営業の仕事で、書店回りをした。昭和は終わったけれども出版界の成長はまだつづいていて、書店にも活気のある時代だった。面白い書店がたくさんあった。正式な社員になる半年前からは編集の仕事をするようになる。

ところが社内の空気が急激におかしくなっていく。きっかけは「Hen party series」という女性総合職向けのシリーズが大失敗したこと。詳細は省くが、吉田さんは弓立社を辞める。92年の夏だった。その後、21世紀になって宮下和夫は弓立社を小俣一平に譲って現在にいたる。

弓立社を辞めた吉田さんは、創立して間もないメタローグに移る。メタローグは中央公論社を辞めた安原顯がつくった会社。安原は中央公論社のころ雑誌『マリ・クレール』にいた。吉田さんが集英社の採用面接で「あんな雑誌をつくりたい」と盛り上がった、モノクロページで海外の現代文学をはじめ最先端カルチャーを紹介する女性ファッション誌である。中央公論社の社長が交代し、大きな組織変革を進めることに安原は反発して退社、安原が中央公論社に入る前にいた竹内書店の同僚だった天道裏治（編集プロダクションのオメガ社などを経営）とはじめたのがメタローグだった。

メタローグは作家・ライターの養成講座を経営の基盤にしてその上で雑誌や書籍も出すというビジネスモデルを模索したが、うまくいかなかった。吉田さんは結局1年半で辞めてしまうのだが、安原も翌年にメタローグを離れた。

宮下和夫と安原顯という、良くも悪くも伝説的な編集者の元で仕事をした吉田さんは、フリーランスの編集者として本をつくるようになる。たとえば太田出版で「片岡義男エッセイ・コレクション」をつくり、小学館で松本大洋の画集をつくった。

松本大洋『100』の刊行は1995年の10月。翌年の2月、小学館が珍しく中途採用をすることがわかった。しかし、採用試験を受けようとしていたところに、富山県の父が倒れたという知らせが入る。吉田さんは小学館を受けるのをあきらめて富山に戻った。父の入院手続きなどをするうちに、父がやっていた土地家屋調査士という仕事を継がないといけないのかな、と思った。

「ところが覗いてみると、すごくいやな商売だった。不動産屋と一緒にやる仕事なんですが、母の弟の不動産屋とうまくつきあっていかなきゃならない。それと、オヤジを見ていて、どうせ人は死んでいくんだから、好きなようにしようと思った」

達観というか、一種の悟りである。いやなことはしない、好きなことだけする、という人生のはじまりだ。もしかしたら、宮下・安原のもとで、一生分の「いやなこと」を済ませてしまったのかもしれない――とわたしがいうと、吉田さんは「楽しかったですよ」と笑うのだけど。

じつは富山県に戻っている間も、吉田さんは編集の仕事はつづけていた。それがのちに筑摩書房から出ることになる片岡義男の『日本語の外へ』だった。

「弓立社にいるとき片岡さんに、こういうものをやりませんかと提案した。僕としては、すでに発表済みの文章を集めて1冊にしたいと思っていた。すぐ本にできるから（笑）。でも片岡さんは『これをもとに書き直しましょう』と。1年で、という話だったのに、7年もかかりました」

当初、弓立社から出る予定だった『日本語の外へ』は、筑摩書房から出ることになった。約1年後、富山から東京に戻った吉田さんは、フリー編集者として仕事を続けた。

「東京に戻ったけど、なんか、入りたい出版社はないなと思って。大手から中小までいろいろ仕事をしたけど、どこにも行きたいと思わなかった」

自分で出版社をつくろうと思った直接のきっかけは、都筑道夫の『推理作家の出来るまで』だった。

「10年近く編集の仕事をしていると、どういう本なら企画が通るかということはある程度わかるじゃないですか。でも、企画が通らないだろうというものでも、ほんとうは出せば売れるんじゃないか、儲かるんじゃないかと思う本もあるわけです。『推理作家の出来るまで』はどこも出さなかった」

『推理作家の出来るまで』は雑誌『ミステリマガジン』に13年にわたって連載された半自

伝的エッセイで、すでに原稿は揃っている。連載元である早川書房は連載が終わって何年たっても出さない。吉田さんが他社に打診するとどこも難色を示した。

「まず、こんな分厚い本は出せないという（上下合わせて1100ページ以上ある）。そして、データがないからわからないという。ちょうど書店や出版社の営業にもコンピュータが入ってきたころでした。都筑さんは90年代に新刊が出ていなくて、販売実績のデータがなかったんですね。どれくらい売れるか判断できないという。いまはまた少し変わってきているけど、あのころはみんな（利益じゃなくて）部数で考えてたんですよ。3000部売れる本は『3000部しか売れない』といわれる。部数が少ないなら定価を高くすればいいじゃないか、という発想がなかった」

そこに勝算というか、自分がやる余地がある、と吉田さんは考えた。

実際、少部数高価格で成功した本もなかったわけではない。たとえば晶文社が1987年から89年にかけて刊行した『古川ロッパ昭和日記』は、戦前編・戦中編・戦後編・晩年編がそれぞれ800ページから900ページを超える本で、各巻12000円だった（2007年に出た新装版は6500円だ）。それでも売れて、成功した。

『推理作家の出来るまで』は話題になり、日本推理作家協会賞も受賞した。もっとも、これで「少部数高価格でいこう」とは思わなかった。「よそがやらないものをやろう、とは思いましたけど」と吉田さんはいう。

なお、『推理作家の出来るまで』は2020年に新装版を発売。フリースタイルのサイトには

〈『推理作家の出来るまで』は、最初に出版したときから、絶対に、いつか、もう一度出そうと決めていました。

それにまさか20年もかかるとは思ってもみませんでしたが（というか20年後のことなんて考えてなかった）、今年の夏に出した「フリースタイル45」で、最初に取ったISBNコード（6桁だったので、100冊までしか出せない）を使い切り、新ISBNコードを取得することになりました。その新ISBNコードを『推理作家の出来るまで』新装版に初めてつけるというのも、不思議な感じがします。

なんだか気分的には、新たに出版を始めるような感じで、いまはドキドキしています。先はどうなるかはまったくわかりませんが、あと20年くらいは出版を続けていきたいと思っていますので（笑）、改めてどうぞよろしくお願い致します。〉

と2020年10月30日の日付で書かれている。

このようにして1999年に株式会社フリースタイルはスタートする。

フリースタイルという名前は片岡義男がつけた。幻冬舎（1993年設立）が五木寛之の命名なら、こっちは片岡義男につけてもらおう、と吉田さんは考えたという。

オフィスは自宅。倉庫も借りず、在庫は印刷所に置いてもらうことにした。下北沢のロフト物件で、1階をオフィスにしてロフトを自宅ということにした。出版社なんて6畳ひと間あれば十分、と吉田さんはいう。机とパソコンとスキャナ／コピー機が置ければそれでいい。

フリースタイルというと「下北沢の出版社」というイメージがあり（後述するように下北沢の街ガイド的な本や、フリーペーパーを出したこともある）、下北沢の若者文化と密接な関わりがあるかのような気がするが、吉田さんは素っ気ない。下北沢を選んだのはたまたま住んでいたからで、たとえば高円寺や吉祥寺に住んでいたら、そこで会社を設立したかもしれないという。

「ただ、神保町ではない、ということはちょっと考えました。あと、下北沢なら多少は地名が知られているからいいだろうという気持ちもありました」

当時は出版社をはじめるなら神保町や本郷でなければと考える人が多く、下北沢は周縁の街だった。

1年後に事務所をべつにするが、そこの家賃は5万円。駅から徒歩1分ほどの、下北沢の街のどまんなかといってもいい場所で、広さは5坪。あまりの安さに吉田さんは事故物件じゃないかと疑ったが、不動産屋は10万円だったのを半額に下げたということだった。

「事務所の家賃なんて無駄。風呂敷を広げてもいいことないじゃないですか。ひとりでやると思っていたし、会社を大きくしていくつもりもなかった。出版って、ひとりでやれる商売ですよね。それは弓立社にいたときから思っていました」

ひとりでやれるものを、なにも社員を雇って拡大することはない、というのが吉田さんの基本的な考えだ。

弓立社では、営業や編集だけでなく、原価計算も担当していた。小さな会社なので、会社の動かし方もよく見えたという。

弓立社は取次との取引がうまかった。設立当初は鈴木書店とだけ取引していた。いまはもう亡き鈴木書店は人文書に特化した取次で、首都圏の大型書店を押さえていたし、鈴木書店と取引のない書店に対しては鈴木書店経由で日販やトーハンに卸していた。弓立社と鈴木書店の取引条件もよかったし、『東京女子高制服図鑑』のようなヒット作が出ると、日販やトーハンが「うちとも取引してください」と頭を下げて来るのだった。当然、条件も出版社側から取引を願い出るより好条件が提示される。

吉田さんも最初は鈴木書店と取引したいと思ったが、鈴木書店の窓口にいた井狩春男に

「うちはやめたほうがいい」と言われてあきらめた。鈴木書店は2001年の12月に倒産してしまうが、それを予見していたのだろう。中小とはいえ取次が経営破綻するとは1980年代までなら考えられないことだった。金融業界における北海道拓殖銀行や山一証券の倒産にも匹敵するショックが出版界を襲った。

ちなみに井狩春男は鈴木書店にいたとき、取引先の書店に手書きの新刊情報紙「日刊まるすニュース」を送りつづけて話題になった。鈴木書店在籍中にエッセイ『返品のない日曜日』(筑摩書房、のちちくま文庫)をはじめ、本と読書に関するエッセイを多数発表。鈴木書店倒産後もエッセイストとして活躍している。

鈴木書店との取引をあきらめた吉田さんは、地方・小出版流通センター(地方小)と取引することにした。地方小と取引口座を持っていない書店からの注文には、センターから日販や大阪屋を通して対応することができた。

「日販と大阪屋は地方小経由で十分だったんですが、そのうちトーハン帳合の書店には弱いことがわかったので、トーハンとも取引を始めました。ついでに太洋社と栗田書店とも取引開始しましたが、その後、太洋社も栗田書店も会社がなくなってしまいました。大阪屋は、バックマージンをよこせとか、紐代をはらえとか、いろいろごちゃごちゃいってきたのでやめました。日販にも行きましたが、担当者がすごく感じ悪くて、やりたくないと思いました。トーハンとは、書籍は注文だけで（取次が見はからいで書店に送りつけるランク配本はなし）、雑誌（『フリースタイル』）だけは委託です。書籍はうちが注文を取っているので、委託にする意味はありませんね」

2000年5月に松本大洋『メザスヒカリノサキニアルモノ若しくはパラダイス』刊行。6月に片岡義男『英語で日本語を考える』刊行。12月に都筑道夫『推理作家の出来るまで』刊行。

このころは書店への営業回りもしていた。2000年は主に都内の書店を回り、2001年の夏は2週間かけて名古屋から関西、中国地方を回った。かつて弓立社にいたころとは、書店の状況が変わっているのを感じた。

フリースタイルの特徴は「特約店」制度を導入していることだろう。フリースタイルのサイトの「全国の書店さまへ」というページには、吉田さんの名前で次のような言葉がある。

〈小社の本は何十万部も作っているわけではないので、全国あらゆる書店に配本できるということはありません。しかし、一方、自分の店に入ってこない本は、「ない」ものと同様になるのも事実です。

この「特約店」制度が、現在の流通システムの利点を生かしつつ、書店様に、そして読者に、弊社の本をお届けやすくするためには、現在、ベストな方法だと小生は思っております。〉

新刊が出ると、特約店には1冊ずつ取次経由で配本される。各書店は現物を見て追加注文する。フリースタイルの特約店は全国におよそ300店だ。

特約店制度とか常備店制度というのは、人文書を中心にいろんな出版社が採用しているけれども、だいたい300店から500店ぐらいというところが多い。逆にいうと、全国に1万店の書店があっても、人文書やフリースタイルが出すような広義の教養書、趣味性の高い書籍を積極的に扱う店はそれほど多くはないということでもある。

ついでにいうと、フリースタイルのサイトに載っている特約店と雑誌フリースタイル取扱店のリストは、面白い書店を探すときの目安になる（あまり更新されていないようではあるけれども）。

新刊が出たら特約店に各1冊配本する、というのは取次の機能をうまく使ったやり方だと思う。自社の本が売れるのはこの300店だけ、と割り切って、直取引にするという考え方もあるだろうが、本を送ったり代金の請求・精算の手間を考えると、取次を使ったほうが楽だ。とりわけフリースタイルのような、ひとり出版社の場合は。既存取次について批判を聞くことが多いが、吉田さんは「取次は雑誌のためのシステムではあるけれども、書籍のためのシステムでもありますよ。とくに新刊に関してはよくできていると思います」と話す。

下北沢にこだわりはないというが、2001年の5月には街ガイド『下北沢カタログ』を出し、翌年には改訂版も出している。直取引した下北沢ではよく売れたが、全国で売れるはずもないのでそれが不満だったそうだ。2006年には月刊で下北沢のフリーペーパーを出したこともあったが、こちらは1年ほどでやめている。フリーペーパーは自分には向かないと思ったそうだ。

2005年からは雑誌『フリースタイル』も出している。1年ほど休んでいた時期もあるが、だいたい年に4回発行。創刊号は片岡義男と小西康陽の「僕らのヒットパレード」が目玉で、マンガや映画、演劇などに関する対談やコラムが載っている。

「雑誌をやろうと思ったのは、単行本だけだとつまらなくなったから。単行本はひとりの著者とのやりとりでつくる。複数の著者とやりたいというか、つい、メタローグでつくっていた『リテレール』みたいなことをやりたくなったんですよ」

刺激になったのは大橋歩がはじめた『アルネ』。B5判変形でカラーで、写真が大きくて、文字はあまり入っていない。吉田さんは「これは新しい!」と思ったが、でも実際にやっていくうちに、やっぱりB5じゃなきゃとか、縦書きだよなとか、字はたくさん入っていないと、と思うようになった。

それだけじゃなく、「あの当時の『クイック・ジャパン』が嫌いだった」ことも、雑誌『フリースタイル』創刊の動機のひとつだ。

「ほんとうはぜんぜん売れていなかったものを、さも売れていたかのように持ち上げる『クイック・ジャパン』のつくりかたがいやだった。

「このマンガを読め!」を特集した号は定番となっているし(2005年から2010年までは単行本として出していた)、「小林信彦さんに会いに行く」や矢作俊彦による宮谷一彦、筒井康隆へのインタビューを特集した号も話題になった。

「雑誌は損しなければいい、ぐらいの感じでやっています。実際は損しているんですけどね」

片岡義男や都筑道夫、小林信彦と、フリースタイルの著者は名の知れたベテランというか、著作も多いいわば大御所的な人が多いが、意識的にそうしているわけでもない。新しい書き手が少ないのは、吉田さんが「出したい」と思うような作家に出会わないからだ。

「最近は雑誌も見なくなっちゃったんですよね、つまんないから。女性作家のものをあまり出していないのは、基本的にわからないから」

この20年間でいちど、大手出版社に就職しようかと考えたことがある。41歳のときだったというから、2009年か10年ごろだ。きっかけは子供。

「このままじゃ食っていけないかもしれないと思って。独身のときは安定なんか考えなかったけど、結婚して子供が生まれると、安定が必要になった。妻にいわれたわけじゃなく、自分で考えた」

ある会社を受けたが不採用。その出版社のつきあいのある編集者に相談すると「社長にも相談した。経歴とかは何の問題もないけど、年齢が……」といわれた。40歳を過ぎると転職は厳しいと知った。ここで腹を決める。

かといって、人を雇って会社を大きくしよう、とも考えなかった。

「人を入れたからといって、刊行点数が3倍になるわけじゃない。ときどきバイトを入れますけど、バイトがいてすごく助かったという経験もあんまりない」

就職をあきらめるかわりに、外注の仕事を入れた。現在は『ビッグコミック・オリジナル』のコラムページの編集などを請け負っている。企画も、執筆者への発注と原稿取り、デザイナーとの打ち合わせ、入稿、校正など、すべて吉田さんがおこなう。金額としては大きなものではないが、売上の下支えになっている。

フリースタイルをはじめたときは、「45歳ぐらいでやめて、司法書士にでもなろうかな」と考えていたそうだ。

フリースタイルを興す前から数えると、吉田さんが出版業界で働くようになって30年あまり。何が変わっただろう。

「本や雑誌の部数が減りました。基礎となる部数が。書店数の減少が影響しているんでしょうか。価格帯は、かなり高額な本も出るようになりました。印刷技術の進歩で、最小ロットがかなり下がりました。いまでは初版1000部も可能です。昔ならあり得なかった。重版の最小ロットも下がりました」

世の中全般的に忙しくなった。弓立社にいた30年前は、10時に出社して6時に退社していた。それからご飯を食べて映画を観て、家に帰って本を読んで寝る、という日々だった。現在はそんな余裕はない。

「それと、電子書籍ですね。うちの場合、電子書籍に押されているという感じはないんですが、世の中では電子書籍が普通のものになりました」

そこで電子書籍に対する〝アンチ〟としてはじめたのが漫画家の版画販売である。フリースタイルでは「ポップアートシリーズ」と呼んでいる。原画を提供する漫画家は、江口寿史・上條淳士・谷口ジロー・諸星大二郎・寺田克也・松本大洋。ベテラン摺師によるジクレーで、エディション、作家による直筆のサインがつき、木製の額がついている。価格は3万5千円から5万円だ。これがけっこうな売上になる。

もっとも、だからといって吉田さんが電子書籍をまったく受け容れないわけではない。というのも、『ストップ!! ひばりくん!』や『すすめ!! パイレーツ』など、江口寿史のKindle版はフリースタイルが権利を持っている。

2021年の3月、コロナ禍の影響について訊くため、久しぶりにフリースタイルを訪ねた。

「あんまり関係ないんじゃないですか、出版は」と、吉田さんは話す。いつものように淡々とした口調。フリースタイルのオフィスもあまり変わった様子はない。大きなスピーカーが2個置かれていて、それはコロナ禍で暇な間に手づくりしたのだとか。

影響がまったくなかったわけではない。たとえば雑誌「フリースタイル」は、通常、年4回発行していたのが、この1年は2回しか出せなかった。吉田さんは「まあ、それはコロナにかこつけて」と笑う。コロナ禍はサボるいい口実になった。

雑誌「フリースタイル」のための対談も、いつもなら喫茶店などでやるのだけれど、会議室を借りるなどしなければならなかったので、そういう影響もある。

書籍は『推理作家の出来るまで』の新装版を刊行。これは急に決めたもので、じつは別の本を出すはずだった。その本のために国立国会図書館に通っているのだが、コロナ禍で図書館は利用制限され、抽選制になってしまった。そのため作業が大幅に遅れている。

21年3月から江口寿史の展覧会が青森を皮切りに巡回する。本来は20年に開催予定だったが、コロナ禍で延びたのだ。展覧会があると版画などが売れるので、これも影響をこうむったことのひとつといえるだろう。

もっとも、展覧会の延期というマイナスはあったけれども、先述の江口寿史の電子書籍はよく売れた。とりわけ緊急事態宣言中の20年5月は絶好調で、通常の月の5倍ぐらい売れたという。無料キャンペーンやサブスクリプションのKindle Unlimitedなどを、タイミングを読んでうまく使えば確実に売上は伸びるのだという。展覧会も延期はされたけれども中止ではないので、長期的にはプラマイゼロというよりプラスと考えることもできる。

小学校6年生と3年生の子供は、学校や塾が休校している間、ときどきフリースタイルの事務所にやってきた。2人一緒だと吉田さんも仕事にならないので、どちらか一方だけを見るというかたちだ。1人ならおとなしくゲームをしている。

「上の子は塾に行っているんですが、緊急事態宣言中は宿題が送られてきたり、Zoomを見ろとかYouTubeを見ろとかいわれたり。近所の友だちと遊べないのがかわいそうでしたね」

バレエ教師の妻は、自宅からZoomでレッスンしていた。

とはいえ影響は最小限。やっぱり「あんまり関係ないんじゃないですか」と吉田さんはいうのだった。

case 05

左右社の場合

SAYUSHA

東辻君が来てくれたときは、
大変なことになったと思いました。（中略）
売上がなくても給料は払わなければいけないし、
僕ひとりなら忙しいときは徹夜をすればいいけど、
社員にそれはいえないし、と

小柳 学さん

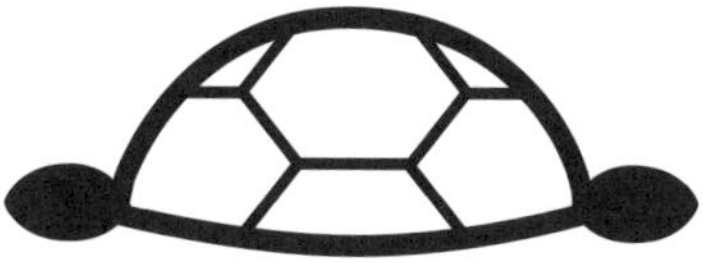

左右社はもう「小さな出版社」と呼べないかもしれない。この原稿を書いている2021年夏の時点で、従業員数は社長の小柳学さんも含めて11人。全員が正社員だ。年商は2020年12月の決算時で2億円。新刊発行点数は43点。21年度は年商・点数ともにもっと増えるだろう。

左右社はコロナ禍のさなかで大きく業績を伸ばした。19年度の発行点数は25点、年商は1億3千万円だったから、前年比154％の急成長である。21年の3月、左右社はオフィスをそれまでの東京都渋谷区の渋谷2丁目から千駄ヶ谷3丁目に移転した。元のオフィスは1961年に建てられたマンションの一室で、建物の老朽化が進んでいた。スタッフが増えて手狭に感じていたところに、建て替えを計画している不動産会社から立ち退きを求められた。引っ越しの費用や立ち退き料が入ってくるわけで、ほんとうに運のいい人というのはいるものだ。元ダンス教室だったという新オフィスは快適だ。家賃は3倍近くになったけれども。

しかし、最初の緊急事態宣言が出て、都心の大型書店が軒並み休業したときには、小柳さんも「もうだめだ」と思ったという。実際、売上も一時期は落ちた。ただ、左右社の本を置く書店には休業しなかった独立系の中小規模店も多く、結果的に影響は割と少なかった。緊急事態宣言が出た日の電車の中で企画を思いつき、すぐ原稿依頼をしたアンソロジー『仕事本　わたしたちの緊急事態日記』は各方面で話題となってよく売れ、それ以外にも新井リオ『英語日記BOY』やレベッカ・ソルニット『わたしたちが沈黙させられるいくつかの問い』や金井真紀『マル農のひと』、坂口恭平『Pastel』などヒットがつづいた。アマゾンでの売上は前年の1・7倍になり、送料無料の自社のサイトへの注文も急激に伸びた。

社員は交代で週2回出勤し、それぞれ週3日はリモートで勤務した。自社サイトに注文してくれた人に発送したり、著者にゲラを送ったり、また書評用にメディア関係者に発送したりという、リモートではできない作業が意外と多い。1回目の緊急事態宣言中は書店を訪問しての営業はやめ、その後も訪問を減らしている。小柳さんだけは以前と変わらず毎日出社した。

現在は「もう小さくはない出版社」の左右社だが、わたしが初めて左右社を訪ねた2011年ごろは渋谷2丁目のマンションの1室で（家賃は8万円だった）、小柳さんと入社したばかりの若い東辻浩太郎さんの2人が、大量の資料に埋もれるようにして仕事をしていた。まさに「小さな出版社」そのものの風景だった。当初はFAX機を買うお金がなくて、そのつどコンビニまで行っていたという。その後、左右社は同じ渋谷2丁目のもう少し広い前オフィスに移り（家賃は18万円）、小柳さんに会いに行くたびにスタッフの数が増えていった。

会社は大きくなり、ヒット作が次々と出るようになって、左右社の知名度も上がった。2018年には学術・専門書出版社で構成される一般社団法人出版梓会の新聞社学芸文化賞も受賞している。だけど小柳さんは10年前とまったく変わらない。わたしは心の中で「のんきなウディ・アレン」と呼んでいるのだけど、風貌も痩せた体型も変化がない。

小柳さんが左右社をつくったのは2005年だった。強烈な意志があったというよりも、消去法で選んだ結果である。それまでの数年間、小柳さんはフリーランスの編集者兼ライターをしていた。2004年には著書『宮沢賢治が面白いほどわかる本』を中経出版から上梓している。

「前から宮沢賢治が好きで、1年間、毎日、宮沢賢治を調べて、書いて。売れたら賢治研究家になろうかと思ったんだけど大して売れなくて、やっぱり編集に戻るしかなかった」

こう小柳さんは語る。

小柳さんは1958年、北海道苫小牧市で生まれた。お父さんは王子製紙に勤め、お母さんは看護師だった。地元の道立高校を卒業した小柳さんは中央大学法学部に進む。学生時代は麻雀ばかりしていたというが、日本政治史のゼミに入り、社会科学系の本をよく読んでいた。新聞記者になりたいと思い、8人の友人たちとマスコミ勉強会をはじめる。就職活動では全国紙各紙を受けたがすべて不採用。留年して再チャレンジするもかなわず、証券を運ぶ運輸会社に就職した。肉体労働を選んだのは中上健次の小説の影響もあったが、自分よりも年下の社員から「なにやってんだ、このボケ！」と怒鳴られるのはカルチャーショックだった。

マスコミ勉強会の友人のひとりが朝日新聞社に入り、「週刊朝日」に配属されていた。グラビアページ担当になったその友人をドライバー兼データマンとして手伝ううちに、デスクが面白がってくれた。友人は「アサヒグラフ」に異動し、小柳さんは運輸会社を辞めてフリーランスの編集者・ライターとして、同誌を中心に仕事をするようになる。「アサヒグラフ」で批評欄の担当になったことが、小柳さんにとってひとつの転機となった。執筆を依頼した書き手のなかに三浦雅士がいた。

三浦雅士は青土社で「ユリイカ」や「現代思想」の編集長をつとめ、文芸評論家、舞踊研究家としても知られる。若い熱心な読者の多い、いわばグル的な評論家のひとりだった。「三浦さんはニューヨークから帰ってきたころで、これからはダンスの時代だといっていました。たまたま僕も、それまでは演劇を見ていたけれども、ダンスも面白いなと思っていたころで、だめ元で原稿をお願いしたら、書いていただけた。そのうちダンスを見たあとで食事に誘っていただいたりするようになりました」

三浦は新書館で雑誌「ダンスマガジン」の編集長に就く。三浦に誘われた小柳さんも少し遅れて新書館に入社して、三浦の下で働くようになる。1992年ごろのことだ。ちょうど日本ではニューアカデミズム・ブーム、ポスト・モダン思想ブームが一段落して、マース・カニングハムやウィリアム・フォーサイス、ピナ・バウシュらコンテンポラリーダンスのダンサー／振付家の名前がカルチャー誌などによく登場するようになったころである。93年秋に三浦が芸術誌「アートエクスプレス」を創刊すると、小柳さんは「ダンスマガジン」を編集しながら同誌も編集し、翌94年秋に三浦が思想誌「大航海」を創刊すると、小柳さんも異動した。

小柳さんにとって三浦の影響は大きかった。三浦の本をよく読み、文体まで影響されるようになった。新書館に在籍時代、小柳さんの文章に三浦が手を入れることはほとんどなかったというが、それは三浦の模写のような文体になっていたのだから当然かもしれない。三浦は作家や批評家との打ち合わせにも小柳さんを同席させた。

2000年、小柳さんは新書館を退社する。

「疲れましたね」と小柳さんは振り返る。その理由について小柳さんは多くを語らないけれども、天才肌の三浦の下では何かと苦労が絶えなかったのだろうと想像する。社長と三浦との意見の相違などもあって、小柳さんは思うように雑誌をつくれなくなっていた。中学校教員をしている妻も、辞めたほうがいいと小柳さんにいった。

辞めてどうするか。ほかの出版社で働くか、それともフリーランスでいくか。フリーランスを選んだのは、もう出版社で「ナンバー2」のポジションで仕事をすることに疲れたと感じていたからだったが、先述のとおり、1年かけて書いた宮沢賢治の本も期待したほどは売れず、書き手になるよりも自分で出版社をはじめることにした。

「消去法」「ほかに道がなかった」と小柳さんはいうけれども、「いまから考えると、自分で出版社をやってみたいと潜在的に考えていたかもしれない」ともいう。

「片岡義男さんに、どうして小説家になったんですかと聞いたら、小説家にならないとカッコつかないから、といわれました。それとちょっと似てますかね。このままフリーランスでいってもいいけど、ちょっと会社をやろうかな、ぐらいの感じ」

そのころ小柳さんは45歳ぐらいで、「カッコつかない」という気分は何となく実感できた。

「三浦さんには相談しませんでした。相談したのは、トランスビュー、月曜社、四谷ラウンド、雲母書房、五月書房ほかの何人か。五月書房の鶴田實社長には、『奥さんに土下座したか?』と訊かれました。なぜかというと、万が一潰れたら、連帯保証で財産をすべてなくすからだと」

これは重みのある言葉だ。出版社に限らず、中小企業が起業するとき、融資した金融機関は社長個人に連帯保証を求めることが多い。会社が倒産すると社長は住まいまでなくすことになる。日本で起業意欲が高まらない理由のひとつだと言われる。ちなみに五月書房は2015年に自己破産し、17年に五月書房の権利などを引き継いだ五月書房新社が設立された。

相談した人びとは、やめておけとはいわなかったけれども、非常に厳しいと誰もが忠告した。「大航海」の寄稿者のひとり、池内紀は「独立したのなら、新書館から離れたほうがいいよ、新しい関係が築けなくなるから」とアドバイスしてくれた。

小柳さんは2004年から準備をはじめて、2005年に有限会社左右社を立ち上げた(のちに株式会社に変更)。資本金の300万円は自分の貯金から用意した。社員は小柳さんひとりだけ。最初の1年間は表参道交差点近くにあった、デザイナー・戸田ツトムのオフィスに間借りしていた。戸田とは太田出版で「d/SIGN(デザイン)」という雑誌の編集をしていたときに知り合った。戸田は同じくデザイナーの鈴木一誌とともに、この雑誌の

05

左右社の場合

責任編集者をつとめていた。毎日、戸田とデザインや編集について話していたことが、その後の左右社の造本の考え方につながっていると小柳さんはいう。なお、戸田は2020年7月、69歳で亡くなった。

「左右社」という社名をつけたのは書家の石川九楊だ。

「石川先生はふだん打ち合わせに遅れることがないんですが、その日は30分ぐらい遅れてきて。しかも顔色が悪い。徹夜で社名を考えたよといって広げた原稿用紙に20個ぐらい社名案が書いてあって、〈縦横出版〉とか〈出帆社（しゅっぱんしゃ）〉というのもありました。自分ではこれがいいと思うとおっしゃった中のひとつが〈左右社〉でした」

左右社のサイトには石川九楊による「左右社社名の由来」という文章がある。「左」「右」ともに祈りの文字であり、「たすける」という意味があること、二つを並べることから「友」の字が生まれたことが記されていて、〈友とともにあり、つねに人間と社会の本意を尋ね求める出版活動を願って、左右社と命名した〉とある。

刊行物の第1弾は『graphic/design』という季刊誌で、これは戸田ツトムが教授をつとめていた神戸芸術工科大学からお金が出た。すべてを左右社のオリジナルで制作した本の実質的な第1弾は長谷川健郎の写真集、『奇妙な凪の日』。2006年9月刊。

「写真集はお金がかかるんです。資本金の300万円しかないから、これは一発勝負だなと思った。必ず売れると自分にいい聞かせて。見積書を見ると、色校代が高い。社員だったときは色校代もそんなものだとスルーしていたのですが、お金がないなかで見積書を見ると、ここを削るしかないとだんだん確信に変わっていった。印刷会社に色校正なしにしてくださいといったんですよ。担当者はそんな非常識なことはやったことがないという。原理的にはできるはずじゃないかと主張して、印刷の現場で刷り出しを見てゴーサインを出すからといって」

発売後、立松和平による書評が朝日新聞に掲載されることになった。前々日に新聞社から連絡を受けたときは「やった。苦労した甲斐があった」と思った。掲載日翌日の月曜日は全国の書店や読者から問い合わせの電話が殺到するだろうと考え、打ち合わせの予定をキャンセルして朝から事務所で待機した。しかし電話はかかってこなかった。電話機が故障しているのではないかと思って受話器を上げると「ツー」という音がする。結局、問い合わせの電話は3本だけだった。

「やっぱり写真集は売れないんだなと思いました。いま考えると、売れなかった理由はわかるんですけど」

書店にも営業に行った。冷たくされることが多かったが、20人に1人ぐらいは話を聞いてくれた。そのなかで忘れられないのが東京堂書店の佐野衛店長（当時）だ。小柳さんは「5分だけ聞いてくれますか」といって本の説明をした。閉店間際の忙しい時間帯で、佐野は小柳さんを見ることもなく電卓を打ちつづけていた。小柳さんの説明が終わると「何冊注文ほしいんだ」と佐野はいう。あまり熱心に聞いているふうではなかったので、「10冊」と言いかけて、「いや、2冊でも」といい直した。

「すると佐野さんは注文書に100って書いてくれたんですよ。感動して、店を出たときも振り返って頭を下げて。配本されてから行ってみると、入ってすぐのいちばんいいところに積まれていて、レジの前にも、2階と3階の売場にも平積みされていて。書店員さんの凄さというものを感じました。編集をしているときはわからなかったけれど、出版社がどんなふうに成り立っているか、誰に支えられているかを実感したできごとでした」

創業時、取引している取次はJRCだけだった。JRCは2001年に経営破綻した鈴木書店に勤めていた人たちが03年に設立した小取次で、鈴木書店と同じく人文書を得意とする。旧社名は人文・社会科学書流通センター。ただし取引する書店は東京に集中していて、全国流通させるのは厳しい。取次間の仲間卸を使えば、システム的にはJRCと取引していない書店でも仕入可能なのだが、そうまでして仕入れようとする書店は少ない。

２００８年、ある本をつくった。本体価格１８００円の上製本で初刷２０００部。ＪＲＣに持っていくと、告げられた扱い部数はわずか38冊だった。残りの１９６２部はどうなる。

「資金が尽きかけていたときで、これは厳しいと思いました。ＪＲＣを出て名もない食堂でカレーを頼んでいたのですが、家族や友人の顔が浮かび、カレーを食べながら泣きました。もうだめかと思って」

契約している倉庫会社に相談したところ、太洋社に行ってみてはどうかとアドバイスされた。太洋社を訪ねて、倉庫会社から聞いた「仕入の佐藤さん」に面会を求めると、そんな人は在籍していないといわれる。困惑していると「田中ならおりますが」といわれ、「そうでした、田中さん。田中さんをお願いします」というやりとりの末、仕入の田中が出てきて、小柳さんの話を聞いてくれた。田中は出版計画書に放送大学叢書が入っているのに目をとめて「これはいけるんじゃないか」と部下を呼び、その場で口座を開設してくれた。なお、２０１６年に太洋社が破産した後、田中はある出版社に移った。２０１８年に左右社が出版梓会の賞を受賞した際、受賞パーティで田中と再会した小柳さんは思わずハグしてお礼を述べたという。

なお、38冊しか仕入れられなかった本は、その後、書評が出たこともあって、けっこう売れたし、「ＪＲＣにはいまもお世話になっています」と小柳さんはいう。

その後、大阪屋（現・楽天ブックスネットワーク）や日販、トーハン、八木書店、中央社とも口座を開設した。

最近はいわゆる「独立系」「個性派」と呼ばれる書店をはじめ、大手取次にアカウントを開いていない出版社の本を仕入れることに積極的な書店が増えているし、大手取次からも小さな出版社との取引を積極的にしていきたいという声が上がるようになった。それがどの程度本気なのかまだ判断しかねるところもあるけれども、アマゾンをはじめＥコマースが拡大していく中、マイナーなものを取りこぼしていては生き残れないという危機感が大手取次や書店にもあるのだろう。

なお左右社は、アマゾンとは日販に口座を開設する前から直接取引をしており、ｅ託販売サービスを使っている。

太洋社と取引開始するきっかけになった放送大学叢書は、放送大学のテキストをもとにした並製のシリーズ。サイズは中公叢書や新潮選書より天地が10ミリ短い、ＮＨＫブックスや河出ブックスと同じ。左右社が手がけることになったのは、雑誌「大航海」の寄稿者だったフランス文学者の工藤庸子と柏倉康夫の紹介があったからだった。放送大学のテキストは放送（講義）が終了するともう使われない。ただしテキストは音声と映像とともに使うのが前提だから、そのままでは読み物としての書籍にはならない。ひと工夫必要だ。放送大学叢書ができるまでは、面白いコンテンツは岩波書店や筑摩書房、平凡社など、人文書に強い出版社で書籍化されていた。しかし、それではもったいないということで、当時の石弘光学長が放送大学叢書の刊行を発案した。

「左右社はまだ数冊しか書籍を出していなくて、日販の口座も開けない時期にもかかわらず、柏倉先生が、これからはアマゾンで売れる時代なのだから版元は大手でなくてもいいのだ、と会議で主張してくれました」と小柳さんはいう。

２００９年３月、熊倉功夫『茶の湯といけばなの歴史』、長谷川眞理子『動物の生存戦略』、笠原潔『音楽家はいかに心を描いたか』の３冊から放送大学叢書がスタートし、その後、１年に３点から５点ぐらいのペースで刊行がつづいている。部数は２０００部程度とけっして多いわけではないが、小さな出版社にとって安定した刊行物があるのはありがたい。

２００８年は柏倉康夫『破れし國の秋のはて　評伝堀口九萬一』や工藤庸子『砂漠論ヨーロッパ文明の彼方へ』、大澤真幸と北田暁大『歴史の〈はじまり〉』、祖父江慎ほか

『文字のデザイン・書体のフシギ』の4点を刊行し、09年は放送大学叢書や神戸芸術工科大学レクチャーブックスも含めて13点を刊行している。なかでも管啓次郎の『本は読めないものだから心配するな』は話題になった。これだけ点数が増えると小柳さんひとりでは厳しい。11年に最初の社員の東辻浩太郎さんが入社する。それまでは小柳さんが企画から編集・制作、営業、そして経理まですべてひとりでやっていたが、東辻さんが入ってからはそれぞれが企画、編集、制作、営業をするようになった。経理と人事は小柳さんの仕事だ。

東辻さんが入った時点で左右社は「ひとり出版社」ではなくなった。また、経営者として考えると、雇用者、使用者になったわけで、従業員に対する責任も生じる。

「東辻君が来てくれたときは、大変なことになったと思いました。いろいろな責任が生じるから。売上がなくても給料は払わなければいけないし、僕ひとりなら忙しいときは徹夜をすればいいけど、社員にそれはいえないし、と。その後も社員が増えつづけますが、社員の人数によって会社のシステムは変わっていくように思います」と小柳さんはいう。

スタッフが増えてからは、編集と営業に分け、編集部を第1編集部と第2編集部に分けた。営業部は編集や宣伝も行い、さらに美術館のカタログチームなど部署を横断するチームをいくつかつくった。

美術館のカタログ制作を請け負うようになったきっかけは、デザイナー・建築家の矢萩喜從郎のすすめで横尾忠則現代美術館の入札に参加したことだった。

「2年間ぐらいはだめだったんですよ。3年目ぐらいに思い切って値段を下げて入札したら取れました。(入ってくるのは)たいしたお金じゃないんですけど、とりあえず1冊つくって、あとはそれを見本に美術館カタログチームの社員が何か仕事はありませんか?といろんな美術館を回ります。すぐに仕事が入ることはありませんが、何年かして相談したい企画があるといった連絡が来たりして広げてきました」

これまで東京都庭園美術館、横浜美術館ＤＩＣ河村美術館、太田市美術館、アーツ前橋などのカタログをつくっている。

左右社のサイトには企業理念として次の文章が掲げられている。

○本と学びですべての人の人生を応援し豊かにし、よりよい社会に貢献する。
○従業員の物心の幸福を実現する。

「2012年から14年ごろまで伸び悩みというか、売上が増えない状態が続きました。何が足りないんだろうと考えると、会社が存在する意味・会社を存続させる意義を明確にしていなかったことに気づいた。ものすごくあたりまえのことなんですが。〈本と学びですべての人の人生を応援し豊かにし、よりよい社会に貢献する〉というのは、会社が小さくてもできること。でも〈従業員の物心の幸福を実現する〉というのは、会社がちゃんとしていないと実現できない。とくに〈心〉は個々人の問題かもしれないけど、〈物〉のほうは会社が充実していないと難しいと思います。一方、会社が求められる役割も昔とは変わっていますよね。たとえば社員旅行とか忘年会には行きません、という人が多い。働いて楽しく生きるというところに、会社の役割はあると思う」

理念や目標、ミッションなどを明確にして内外にアピールすることは絶対に重要だと小柳さんはいう。

小柳さんの話を聞いて、わたしは糸井重里から聞いたことを思い出した。糸井は西武百貨店やジブリの映画のコピーを手がけたけれども、コピーはたんに消費者に向けるだけでなく、同時に内部に向けたものでもあるのだという。たとえば「くうねるあそぶ」（日産自動車「セフィーロ」）でも、「不思議、大好き。」（西武百貨店）でも、「生きろ。」（スタジオジブリ『もののけ姫』）でも、それはクルマがたくさん売れるようにとか、デパートの客が増えるようにとか、映画を観る人が増えるように、とかいう目的があるのはもちろんだけど、日産や西武百貨店やジブリ映画に関わるすべての人に「そうか、いまやっている仕事はこういうことなんだな」と再認識してもらう意味もあるのだという。むかしふうのいい方だとスローガンのような。

理念を明確にした15年ごろから、ふたたび左右社は上げ潮に乗る。組織を有限会社から株式会社に変え、オフィスも移転する。

16年、『〆切本』がヒットする。原稿の締め切りにまつわる作家のエッセイを集めたアンソロジーである。漱石、谷崎、乱歩、川端、太宰から、谷川俊太郎や村上春樹、吉本ばなな、西加奈子まで94篇のエッセイが入っている。カバーの〈どうしても書けぬ。あやまりに文芸春秋社へ行く。〉〈拝啓〆切に遅れそうです〉のコピーも秀逸だ。

「編集者としていつも締め切りに苦しめられていたので、締め切りをテーマにした本をつくろうと思いました」

たとえば雑誌の連載なら、毎週、あるいは毎月、締め切りがやってくる。著者はそれがわかっているのに、毎回、締め切りに遅れる。不思議なことだ（と、書きながら、じつはこの原稿も大幅に締め切りを過ぎている）。

小柳さんは「大航海」の編集者だったとき、故・多木浩二に1時間おきに電話したことがあったという。多木の原稿が遅れに遅れ、その日に原稿を印刷所に入れなければ発売日に間に合わない。ところが多木は後日、小柳さんの上司である三浦雅士に電話してきて

「小柳君のせいでノイローゼになった」といい、小柳さんは三浦とともに多木が指定する山の上ホテルに行って謝ったのだという。

『〆切本』は画期的だった。著者の死から50年（のちに70年に法改正）を経過すると著作権保護期間が終了し、誰でも利用できるようになる。つまり原稿料や印税を支払う必要がない。許諾もいらない。『〆切本』はこの制度をうまく使ってコストを抑えた。

「現役の小説家にお願いしようと思って企画していたんですが、採算面で見るとどうも厳しい。7割売れないと元を取れない。そこで、著作権が切れた文章はないかと思って調べたら、夏目漱石や谷崎潤一郎のものがすぐ見つかったんですね。けっこうあるじゃんと思って、1年ぐらいかけて著作権切れの原稿を集めました。全体の半分以上が著作権切れのものになるようにしました」

出版界では『〆切本』の成功を見て、類似の企画がわんさか出るようになった。「文豪の○○」などとタイトルにあるのはたいていそうだ。アンソロジーは売れないという「常識」もひっくり返した。

「もしAIだったら企画を却下していたでしょうね。過去のデータを見ると売れるとは判断しないから」

しかし、本づくりというのは、すでにあるものではなく、まだないものをつくるのだから、過去のデータはアテにならない。『〆切本』は成功し、小柳さんは同様の方法で『〆切本2』、『お金本』をつくった。コロナ禍のさなかに出した『仕事本』は著作権フリーの原稿を使ってコストを抑えるという方法は採らなかったけれども、切り口の魅力で見せるアンソロジーという点では『〆切本』の成功体験の上にある。

もうひとつ『〆切本』に関する小柳さんの発言で重要なのは、「7割売れないと元が取れない」という部分だ。5000部つくっても、5000部売れるとは限らない。3000部しか書店からの注文が入らないかもしれないし、注文した書店も返品するかもしれない。しかも印刷代・紙代・印税などは5000部分支払わなければならない（実際は印税の計算方法にはいくつかあって、発行部数に応じて支払う場合もあれば、実売部数に応じて支払う場合、両者を組み合わせた場合など、さまざま）。このあたりの採算点をどう見極めるかが経営者には重要だ。一般的に販売力のある大手は高めで7〜8割、中小は返品を多めに見積もって採算点を5〜6割とすることが多い。コストを下げれば採算点も下げられる。採算点設定の間違いは、起業したばかりの小さな出版社がやらかしがちな失敗のひとつでもある。

2018年ごろからは企画会議を定例化するようになった。それまでは思いついたことがあるときに小柳さんと編集者が1対1で相談していた。しかし、社員数が増え、出版点数も増えてきたので、定期的におこなうようになった。

「編集者が提案する企画について、最終的に判断するのは僕ですが、保留することもあるし、保留した企画もみんなでアイデアを出すうちによくなることもあるし。いまは類書のデータとか著者の既刊書のデータとかを見て判断する会社が多いと思いますが、本はそんな杓子定規でつくれるはずがない。１００の企画があれば、１００通りの進め方がある」

左右社では全員がInDesignを使えるので、組版などのデザイン代が浮くし、広告の版下も社内でつくることが多い。コストを下げるための工夫だ。

小柳さんは「週刊朝日」書評欄の編集もしている。会社がこんなに大きくなったのに意外だ。

「間借りしていた戸田ツトムさんの事務所からそろそろ出なければと思っていたころ、日経新聞の企画で旅の記事をやらないかという話をもらいました。これが1回8万円のギャラで、渋谷2丁目に借りた事務所の家賃と同額だったんですよ。これで家賃が払えると思った。その直後に『週刊朝日』の書評欄の話がありました。先のマスコミ勉強会でもうひとり朝日新聞社に入った友人がいて、彼とのつながりからの仕事でした」

朝日新聞社とは大佛次郎賞の下読みなど仕事でつながりがつづいていた。朝日新聞社から出版局が独立して朝日新聞出版になるのが２００８年。それまでは書評欄も朝日新聞の社員が編集を担当していたが、おそらく分社化の過程で社外編集者に任せる部分が増えていったのだろう。左右社にとっても２００8年から09年ごろは資金繰りに苦労した時期で、金融機関から融資を受けたのもそのころだ。

「リーマンショックのあと、経済評論家の中沢孝夫さんから食事に誘う電話があって。何かと思ったら、すぐにお金を借りられるのを知っているかというんですよ。そんなバカなといったら、いま政府が保証人になって融資している、と。リーマンショックのための緊急融資なんですね。左右社はリーマンショックとは関係なく厳しい状態だったけど、そのときは借りました」

この緊急融資や「週刊朝日」の編集など小柳さんが外で稼いでくるお金もあって、左右社はなんとか危機を脱したのだった。

いまも小柳さんは「週刊朝日」の仕事をつづけている。

「僕個人にとっては、本を読んでお金をもらえること自体が幸せな状態ですからありがたい。ほとんどのやりとりはメールでできますが、ゲラのやりとりと校正は築地の編集部で作業するので、時間の使い方はくふうしないといけないけど」

小柳さんは温和でもの静かで、話し声も小さい。だから草食動物的なイメージがあるが、事業というのは常に拡大を目指すべきだというのが持論で、そこがちょっと意外だ。

「15年会社をやってきて思うのは、現状維持だと没落してしまうということ。僕はマルクスもケインズもよく知らないけれど、皮膚感覚として、拡大を目指さないと潰れる仕組みになっているんだと思う。少しずつ拡大していってようやく現状維持。世の中に自社しかないなら昔の感覚のままでいいけれども、ほかの出版社がありますから。他社が大きくなり、新たな出版社もどんどん生まれる。現状維持では没落していくばかりです」

振り返ると、自分ひとりだったときから東辻さんを採用してふたりになるときにひとつハードルがあり、さらに8、9人の規模になるときに大きなハードルを越える感覚があったと小柳さんは言う。

「不安だけど二者択一というか、このまま現状維持して消えていくのか、次の道を進むのか。どっちみち消えてしまうのなら、次の道に行こうというような感じでしたね」

出版点数が増え、社員が増え、売上が増えても、小柳さんは「まだまだ」という。

課題は多い。たとえばプロモーション。その本の存在を潜在的読者にどう知らせるか、どうやって情報を届けるか。小さな出版社が大手出版社と決定的に違うのがここだ。大手出版社はプロモーションにお金をかけられる。かつて（わたしの感覚では1980年代末ぐらいまで）は、出版社は本をつくって取次に卸し、あとは新聞広告を打つだけで必要な情報は必要な人に届いた。取次から書店に本が配本され、読者に書店を覗いたり毎朝新聞を広げる習慣があれば、必要な本の情報は得られた。しかし、新刊点数が増えつづけ、本が短命化していくと、うまくいかなくなってきた。

「大手と同じことはできないのに、つい同じことをしてしまいがちです。それがうまくいったためしがない。広告は新聞に出せば終了という時代ではとうになくなっている。だからといってSNSをすればいいということでもない。本ごとに細かく見て作戦を練らないといけない。読者のリテラシーは高まっていて、広告はもちろん書評についても批判的に見ている。まず心のこもった本をつくって信頼を得るというのがすべての大前提ですよね」

書店を訪問する営業もおこなうけれどもローラー作戦的に回るのではなく、左右社の本と親和性のある書店だけに絞っている。合わない書店に無理して置いてもらっても、結局は売れずに返品されるだけだからだ。注文に対する対応も慎重になる。

小柳さんは毎朝、出勤すると、会計ソフトを立ち上げることから仕事をはじめる。左右社を創業した当初は自分で青色申告をしていたが、4年経ったころから税理士に任せるようになっていた。だがしばらくして「丸投げはよくない」と考え直し、自分で経理をするようになった。会社の数字をすべて把握しているということは大きい。経理ソフトを立ち上げ、書店の売上動向を確認してから、その日の仕事をはじめる。

「妻は中学校の教員です。会社を辞めたとき、安定した公務員と結婚していてよかったなと友人に冷やかされるたび、心の中で妻に申し訳なく思っていました。収入のこともあるけれども、起業することについて配偶者が応援してくれるかどうかは大きいと思います。起業は孤独じゃないですか。そこで配偶者でも友人でも、応援してくれる人がいればつづけられる」

大学を卒業して運送会社で働いていたとき、会社の帰りは疲れてくたくただった。吊り革につかまりながら「もし活字の世界で仕事ができたとしたら、疲れた人を励ますようなものをつくりたい」と腰の痛みに耐えつつ考えたという。その思いはいまも変わっていない。人生のピークを90歳ぐらいに設定して、死ぬまで働くつもりだ。

case
06

アタシ社の場合

ATASHISHA

イベントをやったりクライアントワークをすると、
つくりたい本の資金源になるだけでなく、作家さん
はじめ人脈が拡張されていくんですよね

ミネシンゴさん

コロナ禍によって逆照射されたのは、多角化して
いたからこそ経営的に安定していたということです

三根かよこさん

アタシ社には際立った特徴がいくつかある。まず夫婦による出版社であること。キャッチフレーズは「三崎の夫婦出版社」。夫のミネシンゴさんは元美容師で編集者、妻の三根かよこさんはグラフィックとWebのデザイナー。ふたつめの特徴は会社が神奈川県三浦市三崎にあること。かつては船舶用品店（築90年以上！）だったというオフィスの一部は「本と屯（たむろ）」と名づけられたスペースで、本棚にはふたりの蔵書が置かれた私設図書館のようになっている。「本と屯」はカフェにもイベントスペースにもなる。2020年にはオフィスの2階に「花暮美容室」ができて、こちらもアタシ社の経営だ。

アタシ社は不定期刊行の雑誌を2誌出している。「美容文藝誌」の『髪とアタシ』はシンゴさんが編集長で、「30代のための社会文芸誌」の『たたみかた』はかよこさんが編集長である。

これまで自社刊行の書籍としては、佐藤友美『道を継ぐ』や竹沢うるまの写真集『旅情熱帯夜』のポルトガル編やバングラデシュ編、有高唯之の写真集『南端』、いしいしんじ『みさきっちょ』など計13冊を刊行してきた。

オモシロ要素いっぱいのアタシ社だが、組織の構成もいささか複雑というか、ちょっと変わっている。合同会社アタシ社の社員はシンゴさんだけ。かよこさんは個人事業主として案件ごとにアタシ社から仕事を請けるという関係なのである。かよこさんはアタシ社の

06

アタシ社の場合

仕事以外に、他社の媒体の編集やデザイン、コンサルタント的な仕事もしている。シンゴさんも他社媒体の編集や取材・執筆をしているだけでなく、三浦の友人とともに合同会社波止場商店も立ち上げていて、そちらでは三崎の地域活性化事業を行う。三浦市の観光Ｗｅｂマガジン「gooone」やシェアオフィスなどを経営している。組織として厳密に記述しようとすると複雑に入り組んだことになるが、外見的には若い夫婦が地縁も血縁もない神奈川県の港町で営む小さな出版社。夫婦出版社であり、（ほとんど）ふたり出版社であり、夫婦によるユニット出版社といってもいいかもしれない。

　三崎は三浦半島の南端にある。地図で見ると房総半島と伊豆半島の間の小さな出っ張りだ。都内から日帰りで遊びに行くにはちょうどいい観光地で、わたしも何度か訪れたことがある。魚、とくにマグロ料理がおいしい。世田谷区のわが家からはクルマで第三京浜と横浜横須賀道路を経由して1時間ぐらいか。公共交通機関を使う場合は、京浜急行の終点・三崎口でバスに乗る。でも、初めてアタシ社を取材した日は、シンゴさんが三浦海岸駅までシトロエンのステーションワゴンで迎えに来てくれて、三浦海岸から金田漁港、江奈湾干潟、毘沙門漁港、宮川港などを眺めながらオフィスに向かった。まさに風光明媚。かよこさんが淹れてくれたコーヒーを飲みながらふたりのお話を聞く。

シンゴさんは1984年生まれ、横浜市出身。高校まではサッカー少年で、卒業後は美容学校に進んだ。両親も高校の教師も大学進学を強く勧めたが、勉強好きで慶應の経済学部に進んだ兄への反発もあって、「大学には行きたくない。サラリーマンにもなりたくない」と意見を通した。美容学校を卒業して最初に就職したのは相模原市の小さな美容院。1年後、表参道の美容院に転職したが、腰を痛めてしまう。ヘルニアだった。中腰など無理な姿勢をとることが多い美容師の職業病である。

「美容師をつづけられなくなったので、美容専門の出版社に入りました。大卒で経験者しか採らないということだったんですが、断られても食い下がって何度目かに、変なヤツだから入れてやるよといわれました」

配属されたのは美容業界の専門誌の編集部で、編集経験ゼロのシンゴさんには未知の世界だった。宣伝会議の編集者ライター養成講座に通った。

全国の売れっ子美容師たちに毎月取材するうちに、シンゴさんはまた美容の現場に戻りたくなった。

「売れている人は技術もセンスもまったく違います。取材しているうちに、腰が治ったらまた美容師をやりたいと思うようになって。ＭＲＩ検査を受けると椎間板が治っていたんですよ」

ふたたび美容師に戻ることにした。美容師から編集者になった人も珍しいが、編集者から また美容師に戻った人はたぶんシンゴさんぐらいだろう。こんどは鎌倉の美容院に勤めた。ところが2年後、また椎間板ヘルニアが再発する。

「東日本大震災があったのと、親父が急死したのとが重なって、どうしようかなと思いました。27歳で、美容業界で何も成せていないのに違う仕事をするのも癪だし」

そのころすでにかよこさんとは知り合っていた。リクルートに勤めていたかよこさんの勧めで美容院予約サイト「ホットペッパービューティー」の事業部に入る。美容院を訪問してサービスへの加入を営業する仕事だ。

そのうち「20代の最後に雑誌をつくりたい」という気持ちが出てきた。そこで創刊したのが『髪とアタシ』。一方、かよこさんは『ゼクシィ』編集部に勤めながら、桑沢デザイン研究所の夜間コースでデザインの勉強をしていた。リトルプレスやｚｉｎｅが話題になりはじめたころだ。

「表参道の美容院で働いていたころ、カットモデルを探すのにみんな苦労していました。原宿とか渋谷で声を掛ける人が多いんだけど効率的じゃない。僕は思っていることを書きたい・表現したいという気持ちがあって、Ａ４の紙を四つ折りしてカッターで切った小冊子をつくりました。１０００部つくって山下書店や青山ブックセンターに持っていったら置いてくれた。僕のケータイのアドレスを書いておいたらカットモデルになってくれた人が8人いたんです。それが僕にとっての成功体験。メディアってすごいと思った」とシンゴさんはいう。それと同時に、1000部で8人という結果を冷静に考えた。

かよこさんは1986年生まれ。千葉県で生まれたが1歳10か月のとき商社に勤めるお父さんの転勤にともなってカナダのバンクーバーに引っ越し、9歳になる年に戻ってきた。千葉県内の高校を卒業するとき、かよこさんもシンゴさんと同じようにそのまま大学に進むことに疑問を持った。結局、犬のトリマーになる専門学校に進んだ。

「父は若いころクラシック音楽の道を目指しましたが、祖父が厳格な人で、許してくれなかったそうです。だから自分の娘たちには好きな道を歩ませたいといっていました。ただ、日本は学歴社会だから（大学に進学しないのは）きついぞ、ほんとうにいいのか、と念を押されました」

それゆえトリマーの学校の修了2か月前になって、クリエイティブなことをやりたいからやっぱり大学に行きたいとかよこさんがいい出したときは激怒された。働きながら勉強させてもらえるところを探すようにといわれ、広告制作会社などいくつか受けた末に入ったのがリクルートだった。

「A職、つまりアルバイトだったんですが、リクルートは正社員も契約社員もアルバイトも同じ仕事をやる社風。これだ！　と思って。6年間、『ゼクシィ』で広告制作のディレクターをしました。営業が取ってきたページをどうつくるか提案する仕事です」

シンゴさんと出会ったのは2010年ごろ。シンゴさんのブログにかよこさんがコメントしたのがきっかけだった。シンゴさんは松岡正剛や赤瀬川原平に興味があり、写真や建築についてもブログに書いていた。ヘルニアが再発して今後どうすべきか悩んでいたシンゴさんに、リクルートならいろんな美容院に出入りして業界構造や収益構造を俯瞰できるじゃないか、とかよこさんがアドバイスした。そこでシンゴさんはリクルートに入る。『ゼクシィ』ではInDesignをはじめデザイン・編集系のソフトに習熟したが、かよこさんはそれだけでは満足できなくなった。やがて桑沢デザイン研究所の夜間部に通いはじめる。しかし昼間はリクルートで働き、夜は桑沢デザイン研究所で勉強するという毎日はさすがにハードで、とうとうからだを壊してしまった。かよこさんはリクルートを辞めてデザイナーとして再就職しようと考えた。ところが講師からショッキングなことをいわれる。

「先生曰く、おまえらは芸大や美大を出た人間の下で働く存在なのだから、と。父がいっていた学歴社会の構造ってこれなんだと思いました。このままじゃ下働きというか廉価版みたいな道しか進めない。そんななかに飲み込まれるのはまずいぞという気持ちが、ミネ君と会社をつくることにつながっていきました」

ちなみにかよこさんはアタシ社の設立後、デジタルハリウッドでＷｅｂデザインの勉強もしている。「やりたいことが増えると勉強しなければいけないことが多い」というのがかよこさんの弁だが、シンゴさんは「勉強好きなんですよ」と評する。

デザインのスキルを磨いたことは、コスト圧縮につながるだけでなく、クライアントワークももたらした。勉強は身を助ける。

美容文藝誌『髪とアタシ』は髪をキーワードにしたカルチャー誌で、創刊当初はアタシ社という会社はまだなくて、シンゴさんが個人で刊行していた。ところが3号目で水木しげるの作品を借りようとしたところ、水木プロから「法人でなければ貸せない」といわれてしまった。一方、リクルートを辞めたかよこさんは、出版社や広告代理店に転職したいと思っていたけれども、芸大出のデザイナーの下で働くよりも、自分で出版社をつくってしまったほうがいいのではないかという考えにいたる。シンゴさんもそろそろ「ホットペッパービューティー」の後のことを考えていた時期だった。ふたりは結婚して（式と披露宴は『ゼクシィ』のコネを最大活用）、まずはかよこさんがリクルートを辞め、つづいてシンゴさんも辞めて、アタシ社をつくった。

06

アタシ社の場合

オフィスはふたりが住んでいた逗子の家だった。その家はシンゴさんが鎌倉の美容院で働いていたときから住んでいて、リクルートに転職してからも会社の最寄り駅である東京駅まで1本、しかも始発なので確実に座れる快適さを重視して住みつづけていた。いまでは三崎の出版社として知られるアタシ社だが、15年4月の設立当初は逗子の出版社だったのである。

『髪とアタシ』の創刊号は1500部、第2号は3000部つくり、両方で3500部売っていた。

17年11月に三浦市三崎に移転した。

「逗子の家は4DKの一軒家で駅から2分。通勤の必要がなくなったのに13万円の家賃はもったいない。オフィス兼自宅兼倉庫というのもいやだったし、そろそろ場所を変えてもいいかなと思って」とシンゴさんが振り返る。

ふたりであちこち見て歩いた。湘南の二宮、さらに南西の真鶴。信州の諏訪も。「どこでもよかった」とシンゴさんはいうけれども、都内は考えなかった。ふたりとも東京の都心から1時間半前後の郊外で育ったので、アタシ社の場所も都心から離れたところがいいと思った。

あるとき知り合った人が三浦に住んでいて、三崎のいろんなところを案内してくれた。

そのとき出会ったのがいま「本と屯」のある元船具店で、当時は建物の中に何もなかった。シンゴさんとかよこさんは見た瞬間に「ここだ」と思い、2週間後にはもう引っ越してきていた。

「出版社は本をつくるだけじゃないと思う。逗子にいたときも、地元の人にいろいろ重宝がられて、仕事の依頼もありました。だから町には出版社が必要なんだとなんとなく思っていたんですよ。地域で出版社をやれて、家賃などコストが下がって、自分たちの望むライフスタイルができるところと思うと、三崎がいちばんしっくりきました」

三崎はちょっと不思議な町だ。三崎漁港や城ヶ島で知られる港町だが、京急の終点（あるいは起点）の三崎口駅からは4キロほど離れているし、自動車専用道路の横浜横須賀道路のインターチェンジからもけっこう距離がある。でも住んでみると意外と便利で、たとえば作家のいしいしんじは京都に引っ越す前は三崎に住んでいたし、文芸誌『新潮』の矢野優編集長も三崎に部屋を持っている。魚はおいしいし、三浦大根に代表される野菜の産地でもある。

もっとも、かよこさんの話を聞くと、直観だけで三崎を選んだわけではないようだ。東京ではない場所といっても、やはり仕事で東京との行き来はある程度必要。となると新宿から特急で2時間半、片道6000円近くかかる信州の諏訪は時間的にも経済的にも難しい。真鶴は三崎と似た立地条件だが、家賃は三崎よりはるかに高い。三崎ではオフィス兼「本と屯」の元船具店と、徒歩数分ほどのところにある住まいと倉庫、駐車スペース、すべて含めても10万円弱である。

アタシ社という社名も面白い。まず『髪とアタシ』という雑誌があって、それから「アタシ社」ができた。『髪とアタシ』という誌名には、美容師たちに「もっと自分を大切にしてほしい」というシンゴさんの思いを込めた。美容業界誌やホットペッパービューティーの営業で美容師たちに接して感じていたことである。

「女性は〈わたし〉と〈あたし〉を使い分けるようなところがありますよね。仕事では〈わたし〉だけど、プライベートで飲んでいるときは〈あたし〉って。僕らがふたりで出版物をつくっていくときも、それぞれの個性を忘れたくない、一人称を忘れたくないということから『髪とアタシ』、アタシ社としました」とシンゴさん。

「私的なものをつくるって、同人的じゃないですか。でも社会的なものをつくるとか商売として考えたとき、私的なものが薄まっていく。〈私〉と〈社会〉のはざまみたいなものを大事にしたい。〈アタシ〉という一人称の主観を持ってものをつくって、それが社会の水脈とつながっていく場所が〈私〉。〈作品〉と〈商品〉のあわいにあるもの。フォロワー数が多いから出版しよう、じゃなくて、自分たちが本当に面白いと思ったものであれば、仮にフォロワー数が少ない方でもいい、みたいな感じでやっていきたい」とかよこさん。

「本と屯」にはふたりの蔵書とお店ができてから寄贈された5000冊ほどの本が置いてあって、来訪者は自由に読むことができる。その奥にオフィスとしてのスペースがある。船具店だったときの土間というか店舗部分が「本と屯」で、居間にあたる部分がオフィスだ。ヒントはSPBS（シブヤパブリッシング&ブックセラーズ）。書店の奥に編集部が見えるというのがいいと思ったそうだ。ただし「本と屯」では自社刊行物と知り合いの著書以外の本は販売しない。というのも向かいに新刊書店があるから。商店街の人びととのつきあいは大事にしたい。逗子から移転してきた当初は本棚とテーブルがあるだけだったが、その後、飲食店の営業許可を取ってキッチンとカウンターをつくりカフェ化した。〈私〉と〈公〉と〈ご近所〉があって、その結節点にアタシ社があるという感じか。

三崎の人びとからは大歓迎されている。引っ越してすぐやってきたのが三浦市長で、つづいて教育委員会の職員が来て「こういうオープンな場所をつくってくれて、ありがとうございます」と礼をいわれた。京浜急行電鉄の人も「何かイベントをできませんか」といってきた。横須賀市が地元で三浦市も選挙区である小泉進次郎もやってきた。とくにポエムは語らなかったが、代議士が挨拶に来る小さな出版社というのもかなり珍しいのではないか。

三崎という町の開放性、港町の気質というのも、アタシ社にとってよかった。小学生たちが上がり込んできたり、商店街の人からは「三崎の子はどんどん叱ってやって」といわれたり。アタシ社が出版社だと聞きつけて「これを出版してくれ」と日記やスケッチを持ってくるおじいちゃんもいた。なお、おじいちゃんが希望する発行部数は1部ということで企画は却下された。

出版だけでなく、出版を軸としながらさまざまな仕事をするというのは会社設立当初からのスタイルだ。自社出版物の刊行のほか委託されたローカル誌の編集や企業のオウンドメディアの編集、デザイン、取材・執筆など、シンゴさんとかよこさんそれぞれ得意なことをおこなう。

「ただ本をつくっているというよりも、出版社の所在地にまつわる仕事とか、そこに附随したイベントを開催して本を売るなどしている」とかよこさんはいう。

こうした多角的なビジネスは当初から考えていたことなのか、それとも理想は自社出版物の刊行だけで食べていくことだけれども、現実問題として不足分を補っていったら結果として多角的になったということなのか。

「そこはつづけ方に関わることですね。将来的には出版だけで食べていきたいのかと問われると、私たちも心変わりするかもしれません。自社の本については無理にコストを削ったりはしたくない。自社出版物だけでやっていくとなると、原価を重視したり、場合によっては採算が合わないから出せないということにもなってしまう。ほかでお金を稼げれば、好きなものがつくれる」（かよこさん）

「イベントをやったりクライアントワークをすると、つくりたい本の資金源になるだけでなく、作家さんはじめ人脈が拡張されていくんですよね。いまの（自社出版物の刊行と受託仕事との）バランスがいい状態だと思っています」（シンゴさん）

こういうふうに聞くと、自社出版物を刊行する資金を得るために他社の編集やデザインの仕事をしているように思われるかもしれないが、それもちょっと違うとふたりはいう。

「私たちは出版することが目的じゃなくて、メディアをやることが目的だったと思うんですよ。その手段が結果的に出版だった」とかよこさんはいう。他社や地方自治体などから受託する仕事も含めてアタシ社というかシンゴさんとかよこさんの表現行為だ。もっともそこへの思い入れには濃淡があり、なかには「魂を売ってる」（かよこさん）という仕事だってなくはないのだけれども。

利益だけから見るとかよこさんの収入の7割はクライアントワークやコンサルタント業

務によるものだが、アタシ社の売上だけ見ると出版によるものが5割ぐらいを占める。かよこさんはアタシ社の社員ではなく個人事業主であるため、このようなことが起きる。

面白いのは、『髪とアタシ』と『たたみかた』について、お互い編集には口を出さないということ。『髪とアタシ』は編集はシンゴさんでデザインはかよこさんだが、かよこさんは編集内容についてはは何もいわない。『たたみかた』は編集もデザインもかよこさんで、シンゴさんは口を出さない。

「方向性が違うから、口を出すと喧嘩になるんですよね。だから考える人とつくる人は分業しています」とかよこさんはいう。

ときにははたから見るとびっくりするくらい激しく喧嘩することもある（らしい）が、激しいだけにあとをひくこともない。その一瞬で昇華してしまうのだ。

「三崎の商店街は夫婦で商売をやっている店が多いんですが、みんなよく喧嘩してますよ。よく行く中華料理屋は『なんでネギがないんだ！』みたいなことで喧嘩してたり。商店街を追いかけるシーンもあったり。喧嘩はお互いに考えていることをストレートにぶつけ合うわけだから、ものをつくっていくうえではいいんじゃないかと思います」とシンゴさんはいう。港町の空気にすっかり溶け込んでいる。

販売ルートは4種類。アタシ社のサイトからの読者直販、アタシ社から書店への直卸、取次経由の書店販売、そしてアマゾン。アタシ社にとって利益高がもっとも大きいのが自社サイトからの読者直販だから、先行予約を取ったり、アマゾンよりも先に販売したりとひと工夫している。

直取引する書店は150店舗ほどある。『髪とアタシ』創刊のときからシンゴさんがコツコツと開拓した取引先だ。『髪とアタシ』をつくる前から好きな書店のリストをつくっていて、置いてほしいと思う書店に片っ端からアプローチしたのがはじまり。アポなしの飛び込み営業はリクルート時代に3年半経験したからまったく苦ではない。競合しないように1駅1店舗を原則にしている。取次ルートだと新刊書店だけに限られるが、古書店なども対象にできるのが直取引のいいところ。直取引の条件は6掛け買い切りが原則だ。「書店さんも儲かる価格設定と取引条件を考えている」とシンゴさんはいう。納品の翌月末払いだが、焦げ付きはほとんどない。5冊以上は送料をアタシ社持ちにするため、5冊、10冊という単位での注文が多い。

取次はJRCを使っている。最初はツバメ流通に取引を希望したのだが、断られてしまった。『髪とアタシ』を見て、扱う自信がないというのがその理由だった。つくったものを否定されているようでショックだった、とシンゴさんは言う。そのかわりツバメ流通はJRCを紹介してくれた。JRCも「扱ったことがない」「だいじょうぶかなあ」とあまりいい反応ではなかったのだけれども、直販で150店舗、3500部の実績をアピールしつつ「なんとかお願いします」と重ねて頼むと、「わかんないけど、やってみようか」となったのだった。JRC経由での書店卸も返品率は全体で10%以下とかなり低い。

2020年のアタシ社は自社出版物を1点も出さなかった。それは必ずしもコロナ禍の影響ではない。むしろクライアントワークは前年よりも忙しかった。わたしが訪れた2021年3月下旬のある日も、シンゴさんは前々日まで地方の取材をしていて、まだ疲れが残っている様子だった。しかもその取材スケジュールたるやすさまじい。埼玉県で取材したその足で羽田から北海道・帯広に向かい、帯広空港が雪で閉鎖されたので新千歳から雪道を走って北見で取材。さらに北海道から京都府に移動し、舞鶴で取材して天橋立も見ずに三崎に戻るという超過酷な弾丸取材。若いってすごい。わたしには無理だ。

2020年のいちばんの変化は「本と屯」の2階で美容院をはじめたことだ。といってもシンゴさんはオーナー兼アシスタントで、ハサミを持つのは旧知の美容師仲間。『髪とアタシ』の読者で、東京の有名美容室に勤めたあと逗子で美容師をしていたという人である。「本と屯」のある元船道具店は1軒丸ごと借りているので、あまり使うことのない2

階を有効活用した。美容師はアタシ社の従業員ではなく個人事業者として契約している。

美容院の開設はアタシ社の経営構造に決定的な変化をもたらした。それまでは多角化といっても、どれもシンゴさんやかよこさん自身が関わるものだった。小さな出版社が編集プロダクションを兼ねるのはよくある話だ。仕事が増えれば、それだけシンゴさん・かよこさんは忙しくなる。しかし美容院はシンゴさんやかよこさんの手を離れて売上が入ってくる。美容院の経営は会社設立のときの定款にも入っていたから想定内ではあるけれども、ここまで会社の経営に寄与してくれるとはふたりも予想していなかった。

美容院の経営だけでなく多角化はますます進み、2021年に入ってからは飲食店と雑貨店の開店準備に入った。

「結果的にコロナ禍によって逆照射されたのは、多角化していたからこそ経営的に安定していたということです」とかよこさんは話す。

「いろいろやって、どれかがだめでも別のどれかが稼いでくれた。出版やWebメディアは会社のブランディングのために重要なので大切にしていますが、出版をつづけていくためにも多角化しておいてよかったと思います」

多角化すると、すべてをシンゴさんとかよこさんだけで回すのは難しくなる。2020年の1年間は自社出版物3点の仕込みと資金稼ぎのための1年間でもあり、シンゴさんもかよこさんも相当忙しく働いた。そのうえで飲食店や雑貨店も開くということになると、現場を任せられるスタッフは絶対に必要だ。しかし、「店をやりたいから人を探す」という順番はとらない、とシンゴさんはいう。

「自分たちにはやりたいことがあります、箱をつくります、働いてくれる人を探します、みたいなルートではないんですよ。逆の考え方で、まずお店をやりたい人を探し、その人のスキルから、これくらいの投資をして2年ぐらいで回収しよう、というふうに考えていく」

一方、多角化してクライアントワークが増えたことはストレスになったともかよこさんはいう。

「私たち、最近、他人のものばっかつくってるよね、みたいな気持ちがあって。もちろん受託する仕事も完成したときはやったー！　って思うし、名前もクレジットされるけど……。だから2021年は本もつくるし、自分たちのフラッグシップ的な雑貨店もやろう、自分たちのプロダクトが増えないとね、といっています」

アタシ社は常に変化してきた。シンゴさんが『髪とアタシ』を創刊したときは、出版社をつくろうとは思っていなかったし、アタシ社をつくったときも三崎に住むことになるとは思っていなかった。三崎で「本と屯」を開いたときも、カフェや美容院を併設することになるとは思っていなかった。だからこれからも変化していくだろうとふたりはいう。

「ずっといまのままでいることは無理だろうなと思っています。どちらかが病気をするかもしれないし、年も取るし、もしかしたら親の介護とかだってあり得るかもしれない。そのときのこともなんとなくは考えています。でも誰でも変化は余儀なくされるものだから、選択肢を用意しておくというか、常に軟体動物のように変化できるようにしておきたい」

（かよこさん）

どんなに変わっても、三崎というローカルのこと、紙の本と雑誌という基本は守りつづけていきたいとふたりはいう。

case
07

夕書房の場合

SEKI SHOBO

心折れることはしょっちゅうあります。
10軒回ったら、7軒で心が折れても、
3軒は良かったりするから。
打率3割ぐらいですね。そんなものだと思って

高松夕佳さん

夕書房
SEKI SHOBO

夕書房は「せきしょぼう」と読む。もしかしたら難読出版社名の十傑に入るかもしれない。オフィスは茨城県つくば市にある。2017年の創業以来、『家をせおって歩いた』や『彼岸の図書館　ぼくたちの「移住」のかたち』、『したてやのサーカス』など人文や芸術にかかわる書籍を刊行してきた。夕書房の本は出版点数が少ないにもかかわらず、書評、それも新聞の書評欄に取り上げられることが多い。読書家に注目される出版社である。

夕書房を経営する高松夕佳さんは1975年、つくば市で生まれた。つくば市には60年代から開発が始まった筑波研究学園都市があり、たくさんの研究機関や企業が集まっている。両親ともに他県の出身で、高松さんはこの人工的な都市に生まれた第1世代。高校を卒業するまでつくば市で育ち、大学は東京外国語大学に進んだ。専攻は英語だ。

「絵が好きで、漫画家になりたかった時期もあったのですが、高2の夏休みに美大受験予備校に行ったら、明らかに才能がないことがわかって。絵と同じくらい好きだった英語の道に転向しました。つくばから出てみたかったし」と、しかたなくという感じでいうのだけど（ほかにも第一志望は早稲田大学だったとか）、しかし東京外大の英語専攻というのはそう簡単に入れるものではない。だけど高松さんがいうと嫌味な印象はなくて、「あはは、そうなんだ」と納得してしまう。

外大ではアメリカ文学を専攻した。レイモンド・カーヴァーが好きだった。カーヴァーが50歳で亡くなったのが1988年で、村上春樹による翻訳の全集刊行開始が90年。卒業は98年3月。バブル崩壊後の就職氷河期である。

「みんながエントリーシートを書いているとき、私は留学のための受験勉強をしていました。外大で落ちこぼれなのが辛くて。みんなめちゃくちゃ英語ができるんですよ。私はこのままではまずいと思って。あと、日本から出てみたかったというのもあります。私は常に〈出てみたい人〉なんですけど」

ミシガン州立大学大学院のジャーナリズム学科に入った。ジャーナリズム学科を選んだのは出版社で働きたいとぼんやり思っていたからだが、入ってみると実質的には新聞記者養成講座で、ガチガチのジャーナリスト教育を受けた。

「取材して記事を書いたり、政府のデータから問題点を見つけ出したり、とても面白かったです。途中で体調を崩して1学期遅れましたが、なんとか卒業させてもらいました」

2000年の12月に帰国したものの、どうやって就職していいのかわからない。しかたがないので新聞の求人欄を見て、中途採用の試験を片っ端から受けた。不採用の連絡ばかりがつづき、ようやく入ったのが日本評論社だった。

日本評論社は1918年創業の老舗中の老舗で、戦時中には河合栄治郎事件と横浜事件というふたつの言論弾圧事件も経験している。法律・経済など社会科学・人文科学の専門書や一般向け教養書を刊行するほか、『法律時報』、『法学セミナー』、『経済セミナー』、『数学セミナー』などの雑誌を出している。

配属されたのは『こころの科学』という心理学の雑誌の編集部だった。髙松さんに心理学の知識はなかったが、学者が編集委員に入っていて、新入社員の仕事は原稿の整理と入稿作業が主だったから、心理学についてあまり知らなくても大きな問題はなかった。学会に出展して本を販売することもあったが、終了後の懇親会でも、「髙松さんにはまだ早いから、先生に話しかけちゃだめ」と釘を刺された。なんとも古めかしい〝作法〟だが、初めて出版界に入る髙松さんは違和感を抱くこともなかった。入社してすぐ、人文書専門の取次で、日本評論社にとっても重要な取引先だった鈴木書店が倒産するなど、日本の出版産業そのものが大きく変化しはじめる時期だった。

日本評論社には3年勤めた。楽しかった、と振り返る。

「初めての就職でしたから、社会人というものに慣れるのと、他人の原稿を扱うことに慣れるのに3年かかったという感じですね。出版界の仕組みもなんとなく把握することができました。『こころの科学』だけでなく、書籍もつくらせてもらいました。企画書を書いて、原価計算をして、企画会議にかけて。上司と一緒に編集したものも含めると、在籍した3年のあいだに翻訳書を含め単行本を10冊ぐらい担当しました。雑誌と単行本、両方の仕事の流れを体験できたこと、原稿整理の基礎を身体に叩き込んでもらえたことは、その後の私にとって大きな力になりました」


日本評論社を3年で辞めたのは上司とうまくいかなかったからだ。髙松さんの話を聞いていると、「いじめ」とか「いびり」とか、あるいは「いじわる」という言葉が浮かぶ。でも、たんに相性が悪かったのかもしれないし、そういう性格の人なのかもしれない。

「アメリカから帰ったばかりの私は、生意気だったのかもしれません」

もっとも、上司とうまくいかなくなったことは、辞めるひとつのきっかけにすぎない。

「また新聞の求人欄を見ちゃったんですよ（笑）。見ちゃいますよね」

わかる。わたしも一時期は朝刊の求人欄を隈なく見るのが習慣だった。会社でいやなことがあると、求人欄を見て、別の会社で働いている自分を想像した。真剣に転職先を探しているわけではなく、いわばガイドブックや時刻表を見ながら旅を空想するようなものだった。だが、髙松さんはあるとき福音館書店の求人広告を見つけた。

「わあ、そういえば子供のころ、福音館の本が大好きだったな」とそのとき髙松さんは思った。絵を描くのが好きで、絵本も好きだった。

「それで、ちょっと応募してみちゃったりしたんですよね。受かるはずがないと思って」

応募しただけで気が晴れたのだけど、1次試験、2次試験とパスしていって、とうとう最終面接にも合格してしまった。合格して、迷った。日本評論社は髙松さんが困っているときに採用してくれたのだし、上司のことを除けばすごくいい会社だし、社長もあれこれ心配してくれたし……。迷った髙松さんは、『こころの科学』で唯一連載を担当していたある著者に相談した。するとその心理学者である著者は、「髙松さんがいなくなるのはさびしいけど、福音館に行くのはいいと思うな」と助言するのだった。その著者は以前、福音館から出ている『いまは昔　むかしは今』という、網野善彦・大西廣・佐竹昭広の3人が編集委員をつとめた説話の全集を読んで、心理学の謎が解けたのだという。そこで髙松さんは図書館で『いまは昔　むかしは今』を読んでみたりした。

福音館書店には2004年6月から14年12月まで10年半勤めた。最初の1年は契約書の整備や保管されていた原画・原稿の整理、そして各編集部のフォロー的な雑務を担当した。

「できたばかりの部署で、上司と私の2人だけ。仕事をつくるところからが仕事でした。福音館の絵本がどのようにしてつくられているかが俯瞰できましたし、原画がいかに大切なものか、歴代の編集者が著者との関係性をどう積み重ねてきたのかも垣間見えて、出版者としての姿勢を基本から教えてもらうような1年でした」

高松さんの言葉を借りると、大正時代から長い歴史のある日本評論社に比べると、1952年創業の福音館はいわばベンチャー企業である。それはたんに戦後の創業だからということだけでなく、56年に創刊した『こどものとも』の、〈毎号一つの物語に一人の画家が全場面をとおして絵をつける、ペーパーバック版の月刊物語絵本〉というスタイルは、それまで例のないものだった。

「創業者の松居直さんから聞いた、新しい月刊絵本というジャンルを一からつくり上げるまでの話は、ひとりで夕書房をはじめるとき、無意識のうちに心の支えにしていたかもしれません」と高松さんはいう。

たった2人の部署で、ほかの社員がつくった本をチェックし、他社のPR誌を読み、いつか編集部に配属されたら、こういう著者と仕事をしたいなと夢を描いたりしているうちに、ストレスでひどかった肌荒れもいつのまにか治っていた。1年経ったころ、月刊誌『母の友』の編集部に配属された。以降、退社するまで『母の友』編集部で仕事をした。最後の2年間は編集長だった。

『母の友』は連載以外は外部のライターに依頼せず、企画・立案から調査、取材、執筆までを5人の編集部でおこなう。そこではアメリカで学んだことが役に立った。絵本は1冊もつくらなかったが、充実した日々だった。

福音館書店を辞めたのは、会社に不満があったわけでもないし、上司と相性が悪かったからでもない。会社とはまったく別のことで辞めて、あるプロジェクトに参加したのだけれども、それは1年半でうまくいかなくなってしまった。

「呆然としてしまいました。出版しかやったことがないし、やっぱり編集者をやりたいと思って、いくつか中途採用の募集に応募したのですが、箸にも棒にも掛からない。履歴書を送っても反応がないし、面接まで進んだところもやっぱりだめで。40歳を超えていたし、あんないい会社を辞めたのは怪しいと思われたのか。でも、よく考えると、『母の友』でやりつくした感があって、もういちど会社員に戻るのもなあと思ったり。私はけっこう飽きっぽいというか、新しいことをやりたいんですよね。就職先を探しながらも、なんかあまり心躍らないなという感じで悶々としていました」

出版社にトータル14年勤めたから貯えはあった。暇なので図書館に通っていろんな本を読むうちに、ひとり出版社のことが気になってきた。夏葉社の島田潤一郎の本をはじめ色々読んで、もしかしたら自分にもできるんじゃないかという気持ちになってきた。『母の友』にいた10年間で人脈も広がっていた。

あるとき、福音館書店にいた最後の年に出会ったアーティストの村上慧が、日記を出版したいけれど、出してくれるところが見つからない、と言うのを聞いた。２０１４年から村上が綴るブログは、会社員時代からリアルタイムで読んでいた。発泡スチロールの白い家をかつぎ、たったひとりで歩きながら移動生活する日々の様子には、東日本大震災以降の生き方を模索する切実さが溢れていた。居場所のなくなった髙松さんにとって、村上の切実さはよりリアルなものとして迫った。「じゃあ一緒にやりましょうか」と村上に言った。

それが後に『家をせおって歩いた』として刊行される本だった。ただし、このときの髙松さんは本格的に夕書房をはじめようと思っていたわけではなかった。

「無職のままぶらぶらしていると、自分が消えてしまいそうで辛くて、友だちに無理を言って編集プロダクションを紹介してもらい、入れてもらったところでした」

編プロはこれまでいた人文系の出版社とはまるで違う世界だった。カルチャーショックだった、と髙松さんは言う。

「いいものをじっくり追求するより、見た目とインパクトが大事、そしてとにかく数をこなさなきゃいけない。広告に縁のない会社にしかいたことがなかったので、タイアップページとか、作法がわからなくてほんとうに戸惑いました」

ある日、20代の同僚が「ワクワクがとまらない!」というコピーを書いた。髙松さんは「日本語としておかしい」と指摘した。だが気がついてみるとそういう言葉は最近あちこちで耳にするのだった。

「完全に感覚がズレていたんですよね（笑）。ここで私は使いものにならないと落ち込みました」

感覚のズレ、カルチャーショックを象徴する出来事がほかにもあった。企画会議でエッセイの書き手についての話題が出た。高松さんはあるエッセイストの名前を挙げた。高松さんも共感するところが多いと感じているエッセイストだった。だが同僚たちの反応は違った。一流の大学を出て、大企業に入社し、キャリアを重ねていたけれども退社してフリーの書き手に転じたというそのエッセイストについて、かれらはむしろ反感を抱いているようだった。

「自分が消えてしまいそうで辛くて」求めた編集プロダクションの職だったが、そこには居場所がなかった。つくば市の実家から神保町まで通勤していたので、肉体的な疲れもあった。これ以上編プロで働くのは無理だと思い、契約を延長せずに半年で辞めた。

17年1月1日に個人事業主として夕書房を始めた。両親と住むつくば市の実家をオフィスにした。子供のころの学習机をそのまま使っている。『家をせおって歩いた』は4月に刊行した。その後、庭に在庫を保管するイナバ物置を建てた。高松さんによると、かなり高性能だそうだ。

21年の初夏、実家とは別に仕事場を借りた。リタイアした父と母がいつもいる環境では、仕事をしにくい。コロナ禍でリモートワークが増えた人、Zoomなどでの打ち合わせや取材が増えた人は、同じように思っているかもしれない。

夕書房という社名の由来は?

「これまでの人生を振り返ったとき、自分はずっと、ものごとのメジャーなところにはいなかったな、と思いました。つくばにもなじめなかったし、大学でも浮いていたし、留学先では外国人だった。アウェイ感がずっとあるんです。だから版元名を決めるなんていう大それたことをして自分が何かの真ん中に立つことに、実感がわかない。でも、せっかくひとりでやるのなら、自分の名前は入れたほうがいいかなと思って。ほかにいいのが思いつかなかったし」

夕書房の「夕」は「夕佳」の「夕」。「タカマツ」の「タ」にも似ている。だからといって「ゆうしょぼう」と読ませるのはなんだか恥ずかしい。それで「せきしょぼう」となった。

高松さんの説明はぜんぜん論理的じゃないけど、すごくよくわかる。メジャーなところになじめず、中心でスポットライトをあびるなんて居心地が悪くて、いるべきところは別にあるんじゃないかと心のどこかで思っている感じ。

とはいえ、初見一発で「せきしょぼう」と読む人は少ないだろう。わたしが「(せきしょぼうとは)読めませんよね」というと、「みんなが読めないのを見て、初めて気づきました。自分でも読めないわ、と。でも、それくらいが私にはちょうどいい。最近、思うんです。私が出す本も、ぱっと見にはわかってもらいにくいものが多い。やっぱり名は体を表すんだな、って」と高松さんは笑うのだった。

だが、難読ではあるが、漢字にすると美しいとわたしは思う。

流通はツバメ出版流通と取引している。きっかけは『本屋がなくなったら、困るじゃないか』という本だ。毎年晩秋に福岡でおこなわれている本のお祭り「ブックオカ」での車座トークの記録だが、そのなかにツバメ出版流通の川人寧幸の話が出てくる。

「川人さんはもともと鈴木書店にいらしたんですよね。私は最初にお世話になったのが日本評論社でしたし、昔の神田村の感じが好きだったんですよ。それで川人さんにお会いしたら、世代も近く、私の好きな雰囲気をまとっていらっしゃる。すごく信頼できる方だと感じました。私は数字が大の苦手ですが、川人さんがいれば、私の運営が多少ぐちゃぐちゃでも、書店に失礼はないだろうと思いました」

取引開始にあたって面談した際、川人は「もしも絵本を出したいということになったら、僕の分野と違うので難しい」と付け加えたのだそうだ。それを聞いた髙松さんは、ますます信頼できると思ったと言う。

『家をせおって歩いた』を出した時点では、次の企画はまだなかった。出版社をはじめることにしたときは『母の友』の人脈で本をつくればいいと考えていたが、だんだん「それは違う」と思うようになったのだ。

「編プロでの半年間を経て、ひとりになるとさらに、自分のいる世界がはっきり見えてきた。独身、女、職なし、家なし、地方。目の前には、都心で会社員をしていたころとはまったく違う景色が広がっているのに、あのころの私しか知らない人たちとやるのは不自然だし、同じようにはできないと思いました」

小さな出版社は宣伝力で大手にかなわない。初版部数も限られる。すでに知られている作家なら、大手から出したほうがメリットは大きいはず。それなら大手が出さないテーマ、まだなんだかよくわからない、未分類だけど重要だと思う、切実で等身大の挑戦をしている人の本を著者と二人三脚で出そう。「そう考えるようになったら、かえってわくわくしてきた」と髙松さんはスタート時を振り返る。

もっとも夕書房にとって2冊目の本、18年2月に出た『山熊田』は、新潟県のマタギの村を撮ったドキュメント色の強い写真集で、写真家の亀山亮とは『母の友』の仕事で知り合った。だから『母の友』人脈であるけれども、髙松さんによると「亀山さんはパレスチナやコンゴなどの戦地で生と死が隣り合わせの人びとを撮ってきた人なので、会社の後ろ盾で仕事をしていたときよりは、ひとりでギリギリな状況になってからのほうが、まっすぐ向き合えていた気がします」とのこと。福音館書店での人脈を拒むということではない。

この『山熊田』の印刷は東京印書館というファインアートの写真集や画集で知られる会社によるもので、モノクロの階調に深みが出るダブルトーンでつくった。東京印書館を選んだのは、自分の本棚にある写真集を開くと、いいなと思うモノクロの写真集はたいてい東京印書館の印刷だったから。会社のサイトの問い合わせフォームに書き込んで見積もりを出してもらった。

「どうせお金をかけるなら、モノとしてもいいもの、長く残るものを出そうと思いました。1冊の本が、時代や世代を超えた誰かに届く可能性に賭けたい気持ちがあるんです。初めて本を出す著者が多いので、どこから見ても良い本、美しい本にしたいというのもあります。1作目が評価されれば、次につながりやすくなるのではないかと。ひとりなら、経費がとか採算がとかいわれることなく、好きなようにできます。自分が責任を負えばいいので」

『彼岸の図書館——ぼくたちの「移住」のかたち』も話題になった。奈良県の山奥に移住して私設図書館を開いた学者と図書館司書の病弱な夫婦が、さまざまな人と対談した本である。

「著者の青木真兵さんはポッドキャストのラジオをやっているのですが、あるとき学会の帰りににつくばに立ち寄られ、なじみのPEOPLE BOOKSTOREという古本屋で公開収録イベントをされたんです。気軽な気持ちで参加したら、すごく面白く、青木さんも感じのいい人で。一緒に仕事をしてみたいなと思いました。ぴったりくる感じだったんですよね。移住の経緯や、やろうとしていることが。この人も、震災後の社会のあり方を自らのやり方で見つけようとしている、と感じました。イベント終了後、駅までクルマで送りながら、もし本を出すことがあったら連絡してくださいと伝えました。そうしたら半年ぐらいして連絡が来て」

高松さんにいわれたことを覚えていると青木はいい、「『家をせおって歩いた』もすごく良かった。もしやってくれるのなら高松さんに頼みたい」といった。

初めのほうに書いたように、『家をせおって歩いた』も『彼岸の図書館』もたくさんの書評が出た。

「担当した本が新聞や週刊誌の書評に掲載されるのが憧れ、という古い体質が染みついているので、出版者として認めてもらえた気がしてうれしかったです。書評欄では部数や版さんはいう。

元の規模は関係がない。本自体の力を見てもらえることに勇気をもらいました」

もっとも、「それが売上にはさほど結びつかないということもわかりましたが」と高松さんはいう。

書店への営業も高松さんがひとりでする。たとえば都内だったら一日乗車券（フリーきっぷ）を買ってたくさんの書店を一気に回る。京都だったらレンタサイクルで1日に10軒ぐらい回る。人と話すことは苦手だけども、回数を重ねていくとだんだん話せるようになってくるのだそうだ。どこもアポなしの飛び込み訪問。ただし闇雲に営業するわけではない。店に入ってみて、あきらかにここは夕書房と無縁だと思われるところは営業しない。大型店のめぼしいところはだいたい行くし、独立系の店主ひとりでやっているようなところも話ができるので訪問する。最近は顔見知りの書店も増えてきた。

アポなしで営業すると、書店の反応はさまざまだ。話を聞いてくれる店もあれば、かなり冷淡な店もある。せっかく来たんだからと、1冊注文をくれる店もある。

「心折れることはしょっちゅうあります。10軒回ったら、7軒で心が折れても、3軒は良かったりするから。打率3割ぐらいですね。そんなものだと思って」

いやなことがあっても良かった3割で帳消しになる。いやな気持ちがあとを引くことはない。

「私の本の良さがわからないのがおかしい、と無理やりにでも思うようにしています。わかってくれる人に出会ったときの喜びのほうが長つづきしますね。世の中はネガティブなことだらけです。私にとって社会の9割はネガティブですが、残りの1割を広げていこうとしている人が確かにいる。著者でも書店員でも、そういう人に出会えるとほんとうにうれしくなります」

知っている書店には新刊案内をメールで送る。ツバメ出版流通が取引先書店にFAXを送ってくれているはずだが、それが何店舗ぐらいなのかは「よく知らないんですよね」と笑う。髙松さんらしい。コロナ禍で書店からの注文がピタッと止まってしまったと話す髙松さんの表情にも危機感や悲壮感はあまりない。

本はつくって終わりではないし、売って終わりでもない。出版社や書店の手を離れたさらにその先で、本は生きていく。あるZINEに髙松さんは「本は、成長する。」という文章を寄せている。その文章の中で髙松さんは、刊行した『新版　宮澤賢治　愛のうた』の思いがけない反応について触れている。賢治の詩を読解して、賢治には女性の恋人がいたことを立証する本なのだが、刊行後、著者の元に、賢治の恋人の遺族から手紙が届いた。遺族は『新版　宮澤賢治　愛のうた』の内容を肯定し、この本によって長年の蟠りが解ける思いがしたと記していた。しかもこれにはつづきがある。遺族からの手紙に力を得た著者は、朗唱伴奏で「愛のうた」を伝えるコンサートをはじめた。そしてコンサートは賛否さまざまな反響をもたらす。著者はその成果をもとに賢治研究をさらに進めているという。髙松さんが本を出さなければ起きなかったことだ。

5年近くやってきて、夕書房の収支はトントンだという。ただし髙松さんの人件費を抜いての計算で、本の売上だけでは食べていけない。だから生活費はライターと編集業で稼いでいる。

わたしが初めて髙松さんと会ったのは、雑誌『中央公論』で岡崎武志と対談したときだった。髙松さんが対談に同席して原稿をまとめてくださったのだ。非常に質の高い原稿だった。

ライター業・編集業は夕書房を支えるために不本意ながらやっているのかというと、そうではない。夕書房のサイトの「夕書房とは」のページにも〈フリーランス編集・ライター業務〉という項目があり、「夕書房では編集やライティングの業務委託も承っております」「とくに口述原稿の整理が得意です」と書かれている。

「（ライター業・編集業は）好きですね。インタビューや対談のまとめが好きなんです。ほかの出版社や編集者の仕事を見られるのは勉強になるし、夕書房では頼めないような方の記事、考えもつかなかった企画に携われるのは、すごく面白いです。ひとりだと、どうしても視野が狭くなってしまいますから。それに、いわゆる〝ひとり出版社〟のこぢんまりした居心地のよい枠に収まらないように気をつけたいとも思っています。東京から離れた土地でひとりになったことで、アウェイにいつづけることで見えるものを大事にしようとしている自分にも気づきました。社会の動向を身体で感じる他社の仕事では、夕書房にできることは何かを考えるヒントをもらえます」

21年の3月までは、週に2日、市役所の臨時職員としても働いた。所詮は時給制のアルバイト、たいした額にはならないけれども、市民活動を取材する仕事だったので、20年離れていたつくば市がどうなっているのかを知る機会になった。市役所はもう辞めてしまったけれども、ライター／編集業と出版業の両方あるのがいい状態だと高松さんはいう。

「出版専業だったら、年間何点出さなければいけない、いくら売上なければいけないとなりますが、ひとりで在庫の面倒を見ることを考えると、一生つきあえる本しか出せないな、と思ってしまいます。出した本は我が子のような感じです。たとえ大赤字になっても世に出す意味があると私が思えるものは出せる。でもそこまでの企画って、そう滅多には出会えないから難しいのですが」

21年8月に刊行した『そこにすべてがあった——バッファロー・クリーク洪水と集合的トラウマの社会学』は、1970年代にアメリカで起きた洪水のコミュニティへの影響を研究した本だ。アメリカ社会学の古典と評価され、大阪大学で災害学を専攻する若手研究者たちが勉強会のために訳したテキストをベースにしている。高松さんが翻訳のチェックをおこなった。東京外大で英語を学んだことや留学してジャーナリズムを研究したことが役に立っているのだろう。

「役に立っていますね。結局、こういう観点からの本しか、私にはつくれないのだと思います。いまの社会にモヤモヤしていて、そのモヤモヤは大きくなるばかりで、でもそれを少しでも自分たちの力で変えていこうとしている人たちに興味があります」

高松さんの話を聞いて、そういえばレイモンド・カーヴァーの短編に『ささやかだけれど、役にたつこと』というタイトルがあるのを思い出した。

case
08

港の人の場合

MINATO NO HITO

24年間を振り返っても、今の自分を見ても、
自身の力のなさに落ち込みます。（中略）
でも、今、こうして詩の近くにいられることは
幸せなことかもしれないと思います

上野勇治さん

港の人

冊子「港のひと」は出版社「港の人」の不定期刊PR誌で、2001年5月の創刊号からぽつんぽつんと号を重ねて2021年の4月に第11号が出た。代表取締役である上野勇治さんの後記が素晴らしい。少し長いけれど全文を引用する。

〈「港のひと」11号をお届けします。著者をはじめ、デザイン、印刷所、製本所、書店、読者のみなさまがたにあつくご支援いただき、おかげさまで24年目の春を迎えることができました。心から深謝申し上げます。生涯に一篇の詩に出会えればそれでいい。これは覚悟である。著者が情熱と信念を持って紡いだ言葉の世界がこの不穏な世の中に一点ひらいていく。そのように願って、著者の言葉たちを送り出している。幾年かかっても決して著者の心を孤立させてはいけない。書物は、時代の空気と風と光をふくらませた言葉の容れ物である。書物を取り囲む環境は衰えているが、ちいさくとも貧しくとも歴史の流れの中で花咲いている。出版はマイノリティの様相を呈しているけれども、言葉は残る。たとえ社会の闇に埋もれたとしても、書物の言葉は滅びない。だが、書物よ、抵抗せよ。時代に負けるな！〉

背筋が伸びるような言葉。詩人の言葉だ。

もっとも、文章では「抵抗せよ」「時代に負けるな！」と勇ましいけれど、肉声の上野さんは「うちはもうだめ」「ずっと低空飛行」「ずっと業績低迷」とずいぶん弱気で、でも聞いているうちにそれがぼやき漫談みたいに思えてきて、ひとつの芸を感じるというか、少しも暗い感じがしない。

上野さんがふたりの友人とともに港の人を創業したのは1997年4月だった。それまで上野さんは学術資料を中心にした出版社の大空社に勤めていた。ともに港の人を立ち上げた2人は大空社の後輩で15歳ほど年下だった。

港の人をつくるまでにはさまざまなことがあった。そして、港の人をつくってからも。

上野勇治さんは1956年9月生まれ。広島市の中心部から電車で1時間ほど離れた山間部で育ち、地元の高校を卒業すると京都の龍谷大学に進学した。本が、そして文学が好きだった。

「親父との折りあいが悪かったんですよ。龍谷大学に行ったのは、家を出たかったからというのも理由のひとつ。広島でさえなければ、どこでもよかった」と上野さんはいう。故郷には足が遠のいていた時期もあった。

大学では東洋史を専攻したが、学問以上に大きな影響を受けたのが後に版画家・陶芸家となる江崎満との出会いだった。江崎満は同じ広島県の江田島生まれで、やはり龍谷大学に進学。当時、上野さんは3回生で4歳上の江崎は同じ大学の7回生だった。

江崎の生き方は情熱的で破天荒だった。解体屋で働く江崎の影響を受けて上野さんも一緒に働きはじめる。その後、江崎は横浜に移る。一方、上野さんは留年することなく龍大を卒業、しばらくフリーターをつづけ、友だちの紹介で大阪の印刷会社に入社した。社長と事務の女性と上野さんしかいない小さな会社で、運転免許を持っていた上野さんは納品と営業を担当した。ところがたった半年で辞めてしまう。

「入社して初めての夏休み、横浜の江崎のところに遊びに行ったんですよ。江崎は詩人の北村太郎さんと知り合って、つきあうようになっていた」

上野さんは江崎に北村太郎を紹介された。そして「大阪にいてもだめだから、こっちに来いよ」と江崎は誘った。この一言が上野さんの人生を変える。大阪に帰った上野さんは「辞めます」と社長に告げた。突然のことに驚いた社長は「何かあったのか」と訊くが、「何もないんですけど」としかいいようがない。やがて社長は「わかった」と言い、上野さんは東京に向かった。

北村太郎は荒地派の詩人。同じく荒地派で親友でもある田村隆一の妻と恋に落ちた経緯は、のちにねじめ正一の長編小説『荒地の恋』のモデルになった。上野さんが出会ったころの北村は、この恋愛事件のことで家族と離れ、横浜にアパートを借りていた。江崎は北村の近所に住み、頻繁に部屋を訪れていた。もっとも、上野さんが北村の恋愛事件について知るのは少し後のことだった。

なお、港の人は２００３年に江崎の『星吐く羅漢』を刊行している。江崎満は奥能登に居を構えて木版画と陶芸作品を創作する日々を送っている。


東京に移った上野さんには、京都の解体屋で働いたときの貯金があった。

「本の世界が好きで、出版の世界に入りたいと思っていました。関西ではそういうつながりを持てなかったので、東京で書く仕事をしたいと考えました」

まずはコピーライター養成講座に通い、講座の紹介で広告代理店に入社した。ところが26歳で入ったその会社も3か月で辞めてしまう。給料が安すぎたのだ。入社時に希望額を聞かれたので10万円と答えたら、本当に10万円しか出なかった。もう少しなんとかならないかと聞くと、「だったら辞めてくれ」といわれた。会社を辞める日、広告代理店の事務員に「何か仕事はないだろうか」というと、上田美佐子に相談するようにといわれた。

上田美佐子は演劇プロデューサー。のちに劇場・シアターX（カイ）の総合芸術監督に就く。元劇団つかこうへい事務所の社長であり、初期のつかと伴走し、つかを支えた人。82年につかは小説『蒲田行進曲』で直木賞を受賞し、執筆に専念するために劇団を解散した。上野さんが上田に相談したのはその少し後の83年だった。上田はフリーの編集者として企業PR誌の仕事をしていた。

「上田さんは仕事を紹介してくれて、それが加藤健一へのインタビューでした。以来、仕事を紹介してくれたり、あれこれ教えてくれたり」

フリーのライター、そして編集見習いとして仕事をしながら、ときどき上田からもらうチケットで演劇を見ることもあった。やがて上野さんは上田から「こんど劇団を立ち上げるから、手伝って」といわれる。小さな劇団の演出助手として脚本読みや立ち稽古から本番、終演までひと通り経験して演劇の面白さを知った。

「役者と演出家がぶつかるんですよ。ぶつかったときに何が起こるかを見ていたんですが、どちらも自分の世界を持っていて、そのときの世界の近づき方というかぶつかり方がすごく面白かった。ぶつかった一瞬で消えるんですが、そのとき火花を発する」

そこで上野さんは『ことばが劈（ひら）かれるとき』を読んで知っていた竹内敏晴の竹内演劇研究所に入り、ライターや編集の仕事をつづけながら役者を目指した。

なお港の人は2010年に上田美佐子のエッセイ集『曠野と演劇』を刊行している。

上野さんは演劇をやめて出版社に就職する。28歳で結婚して、2人目の子供が生まれたのだ。

「当時の奥さんから、そろそろあなたも観念しなさいといわれて。30歳のときでした」

上田の紹介で入ったのが、先にも触れた学術系出版社の大空社だった。従業員数は20人程度。教育学や日本語学の学術書・学術資料の出版が中心で、著者は学者が多かった。上野さんが配属されたのは編集部だった。それまでもフリーで編集の仕事はしていたけれども、編集や企画の立て方などについて本格的に揉まれたのは大空社時代。また、国文学や日本語学、日本語教育学などの研究者とのつきあいも増えた。上野さんは10年間大空社で働いた。

「仕事はきつかった。編集の仕事は深夜にまで及ぶことがあったし、週休2日制も採用していなかった。社内でもいろんな不満が溜まってくるんですよ。僕が40歳になるとき、若い営業マンから自分たちで会社をつくりたいと相談されました」

最初は夢を語り合うような話だった。15歳年下のふたりと「こんな本をつくろうよ」と話すうちに、だんだん出版社を立ち上げたくなってきた。

40歳という年齢も意識した。10年後に50歳で始めるよりも、体力のある40歳のいまのほうがうまくいくのではないか。やるなら早いほうがいい。かくして有限会社港の人が誕生する。

オフィスは鎌倉市大町のアパートの一室だった。

「大空社は東京の赤羽にありましたが、鎌倉に住んでいた友人のすすめもあって、僕もそれまで住んでいた横浜から鎌倉に引っ越していました」

港の人という社名は北村太郎の詩集の題名から（1988年、思潮社）。

「社名は考えたときにピンときました。北村さんはすでに92年に亡くなっていますから、相談することはできなかったんですが、相談していたら怒られたかもしれない（笑）。ときどき〝港の人社〟って社をつけられますが、〝社〟じゃないんだ、〝人〟なんだ、なんていったりしましたけど。社名についていぶかしがられたり疎んぜられたりしたことはないと思います。とにかくしっかりした物（本）さえ出せばいい。出版社は出した本で評価されるわけですから」

最初の仕事は『健康優良・推進学校の軌跡』という本で、これは朝日新聞社からの請け負い仕事。大空社で担当した学者の紹介で得た。朝日新聞社が戦前からおこなってきた健康推進事業の記録をまとめるために、築地の朝日新聞社まで通った。

自社オリジナルの仕事としては保昌正夫『川崎長太郎抄』が第1冊目だ。刊行時期は『健康優良・推進学校の軌跡』よりも2か月早い1997年11月だった。保昌正夫は国文学者で文芸評論家。

「保昌先生にはかわいがっていただきました。よく酒を飲みましたし、一緒に旅行したこともあります。川崎長太郎についてまとめたものをやらないか、と声をかけていただきました」

設立当初の港の人が出版する本は、大空社での経験と著者の人脈を活かして教育学や日本語学の学術書が中心だった。

冊子「港のひと」の巻末には既刊図書の目録が掲載されている。11号を見ると、ジャンルは「詩集」「加島祥造セレクション」「歌集」「川柳」と始まり、「写真絵本・詩」「日記・手紙」「文芸エッセイ」「小説」「文芸評論」とつづいて、「日本語/影印・翻刻」「日本語/論考・エッセイ」「日本語/方言研究」などが並ぶ。

学術書の部数は少なくてせいぜい数百部であり、そのため価格は高く設定するしかない。たとえば99年に刊行した『近世方言辞書　第1輯』は512頁で14000円。『古辞書影印文献　第1輯』は260頁で9000円。高額でも必要としている研究者や図書館はある。たとえ数百人であっても確実に存在する。

「会社を始めたときは、取次の口座を持っていなかったんですよ。実績もないし、大手取次の窓口に行っても断られるのはわかっていましたからね。だから、20代のときに編集の仕事をさせてもらった縁で、発売元を新宿書房にお願いしました」

その後、新宿書房の村山恒夫社長に日販を紹介してもらったことがある。訪問する前に日販から向こう1年間の企画書を持ってくるようにといわれたので、既刊書とともに持参したが、口座開設はならなかった。

学術書・専門書は、直接販売が主だ。そのノウハウは大空社で身につけた。上野さん以外の若い2人は営業で、大学の研究室や図書館を訪問して歩いた。本ができれば研究者や研究室・図書館にダイレクトメールを送り、FAXも流した。直接販売は取次マージン分がそのまま利益になる。返品もないから、出版社のメリットは大きい。年度末になると予算消化のためかけっこうな額の注文が来た。

「大学図書館には6月にDMを出すと、まず決済が下りるんです。そして10月ごろにも予算消化があるので、そこに目がけてDMを出します。また、先生方にも図書館にリクエストしていただく。そういうことで動きました」

もうひとつ力を入れたのは春と秋に開催される学会だった。学会会場にブースを出して、展示販売するのである。学会によって出展料を徴収するところもあればしないところもあり、出展料の額もまちまちだった。出展料の高い学会には出せなかった。

会社創立から7年経った2004年に重大な転機が訪れる。

「3人でやってきて、そこまでは細々と、どうにか食えていたんですよ。前の年にいまの事務所に引っ越してきて、創立7年のときはちょっとした会もやったんですが。でも業績は低迷して、僕も含めて給料は月に10万円とか15万円とか、それくらいしか出せないんですよ。このままつづけることはできるかもしれないけど、若いふたりが40歳になったらどうするんだということを考えたんですよ」

前述したように、上野さんが大空社を辞めて港の人をつくる動機となったのは、40歳という年齢だった。30代前半のふたりがこのまま食えない仕事をつづけていって、彼らに未来はあるのか。まだ若いうちに辞めて、違う道を切り開けるなら、そちらのほうがいいのではないか。そんなことを上野さんは考えた。

「どちらかひとりだけ辞めてもらい、もう1人には残ってもらう、ということはできないと思った。辞めるならふたりとも辞めてほしいと言いました。僕は責任があるから続けたい、とも。こういうことを3人で話しました」

話を切り出すまでかなり悩んだ。ふたりも会社の状況はよくわかっていた。このままではまずいと薄々感じていたのだろう、彼らも上野さんの話に納得して港の人を辞めた。いや、もしかしたらほんとうは納得していなかったかもしれない、15歳も年上の自分に従わざるをえなかったのかもしれない、と上野さんはいう。

「もしも彼らが、潰れてもいいからこのまま3人でつづけましょうといっていたら、そうしていたと思います。すべてが尽きるまでやろうと。でも、話し合いをしているうちにふたりが引くのを感じた。彼らにも会社に対する思いはあっただろうけど」

これはわたしの想像でしかないけれども、上野さんに切り出されて、ふたりはむしろほっとしたのではないか。展望がない状況の中で、自分から辞めたいとはなかなかいい出せないだろう。辞めてほしいと言われて踏ん切りがついたのではないか。もちろん辞めてほしいといわれるのもショックではあるけれども……。

現在、ひとりは障害者の授産施設の責任者として、もうひとりは絵本の輸入販売の仕事をしていて、ふたりともいまも上野さんとときどき酒を酌み交わすという。

創立に加わったふたりが辞め、代わりにスタッフをひとり入れ、新たな港の人がスタートした。

創立から7年の間、上野さんはとにかく働いた。仕事人間だった、ワーカホリックだった、と上野さんはいう。その結果、妻と子と別れることにもなった。それは上野さんにとって辛い部分であり、「僕の中で大きな反省としてあります」という。

「たとえば自分で決めた時間でその日の仕事を止めて、プライベートの時間を大事にする人がいるでしょう？　ああいうのは偉いなと思うんですよ。そういう生き方をいまの若い人はできている。家族と生活しながら仕事をしている。僕らの世代はそれができない。ワーカホリックで、仕事、仕事、仕事。そのおかげで本の世界を知ることになったし、勉強もさせてもらったけど、それと家族とのつきあいは別ですよね。僕らはそういう世代の最後かもしれない」

ワーカホリックは過去形ではない。上野さんは現在も相変わらず仕事中心で、働きづめだ。

「大空社のころも港の人の設立後も、振り返ると、ずっと仕事しかしていないと感じ、不甲斐なく、後悔する気持ちがありますし、いまも反省しています。もっと勉強する時間を持たなくてはいけないと思っていますが、なかなか変えられません」と上野さんはいう。

この気持ちはすごくよくわかる。仕事をしないではいられない気持ち、まさに中毒、依存症だ。わたしもかなり努力と決心をしないと休めないし遊べない。仕事をしていないと落ち着かない。もっとも、上野さんは「もっと勉強する時間を」というから、わたしとは心構えが違うけれども。

「（再スタートを切った）その後も低空飛行で業績は変わらない、なんとかつづけられているだけ」と上野さんはいうが、しかし、出版界全体を見れば新刊市場が急速に収縮しているのだから、変わらずにつづけられるのはすごいことだ。年に12から13点ほどの新刊をコンスタントに出している。読書界での知名度、出版界の存在感も確実に増している。

ただし、刊行する本の内容は少しずつ変わった。設立当初は日本語学の学術書・学術資料がひとつの柱だったけれど、詩歌がそれに代わった。背景には外的な要因と内的な要因がある。外的な要因は国立大学の独立行政法人化など大学や学界の変化。研究室や図書館の予算も削減されるところが多く、学術情報誌（ジャーナル）の電子化と価格高騰の間接的な影響も考えられる。

内的な要因としては、上野さんひとりでは学者たちとつきあい、学界の研究動向を常に把握して企画につなげるのが難しくなったこと。学界の世代交代が進み、さりとて若い研究者との関係を築くのも難しい。上野さんは「自分自身の社交的ではない性格もあったのではないか」という。そういえばこの取材のはるか前、まだ挨拶も交わしたことがないころ、何かのブックマルシェで見かけた上野さんは、ずいぶん緊張した面持ちで港の人のブースにいたのを思い出す。知らない人に笑顔を振りまくタイプではない。

そのほか、不審者対策で大学の研究室に出向いて自由に営業することが難しくなったり、個人情報管理に厳しくなってＤＭを出しづらくなったりと、さまざまな要因が重なった。

学術書は２０１０年ごろから少しずつ点数が減り、最後にＤＭを出したのは２０１６年だった。

詩歌に軸足を移したことについて、「もともと詩歌や文学の本を手がけたいという気持ちがあったので、そちらの方にウエイトを移すようになった。そういうと、自分でその方針を選び取ったかのような響きがありますが、実際はこうせざるをえなかったというか、こうなってしまったという感じです」と上野さんはいう。

2010年の光森裕樹『鈴を産むひばり』が港の人にとって初めて出した歌集だった。1979年生まれで08年に「空の壁紙」で角川短歌賞を受賞した光森は、ゼロ年代を代表する若手のひとりだ。歌集は専門の老舗出版社から出ることが多かったから、歌集について実績のない港の人から出るのは異例だったかもしれない。その後、若手の俳人や歌人が新興の小さな出版社から本を出すことが珍しくなくなっていく。ちなみに『鈴を産むひばり』は11年、現代歌人協会賞を受賞した。

「学術書が行き詰まっていたときに、短歌や俳句の若い人とつながりができたり、思いがけない企画をいただいたりした。そうした幸運が細々とつながって、なんとか生き延びることができました」と上野さんはいう。

学術書と詩歌・文学書とでは、営業方法がまったく異なる。学術書は大学の研究室や図書館を回り、DMを出し、学会にブースを出した。詩歌・文学書は書店での販売が中心になり、発行部数も学術書より多い。港の人から各書店に新刊案内のFAXを送るほか、営業代行にも委託する。そこで重要となるのが取次だ。創業時から学術書は直販をメインに、学術書以外は新宿書房を発売元にしていたが、2007年からはJRCを取次として使うようになった。

直取引も以前からあったが、最近は独立系書店が増えるなか、港の人と直取引する書店も増えている。

「ブックカフェや新刊書も扱う古書店など、直取引をしているお店も全国にいくつかあります。そういうお店は詩歌が好きな人も通ってらっしゃるので大切な販売店です」

配送料が値上がりをつづける中で小口の注文に対応していくのは難しい面もあるが、港の人の本、とりわけ売るのが難しいであろう詩歌の本を選んでくれるお店の気持ちにできるだけ応えたい、と上野さんはいう。だから委託販売にも応じるし、少ない点数の注文にも極力対応するよう努力している。

詩集・歌集の多くは自費出版である。これは港の人に限らない。たとえば穂村弘の伝説的なデビュー歌集『シンジケート』は沖積舎から自費で刊行された。もっとも、自費出版について厳密に定義することは難しい。自費出版というと、著者がお金を出して本を出版するというイメージがある。そのお金には本の製作費だけでなく出版社の利益も含まれる。だが実際には、そのようなケースだけに限らない。著者が費用の全額を負担することもあれば、一部を負担する場合もあるし、つくった本のうちの何割かを著者が買い取る場合もある。これは学術書などでもいえることで、日本学術振興会の科研費や著者が所属する大学の助成金を受けることも少なくない。港の人の場合もさまざまなケースがある。

「自費出版だからその詩に価値がないということにはならないと思うんですよ。確かにベストセラーからは遠い。詩歌の世界は多くて500部から1000部です。2000部つくるなんてまずない」

数の問題ではない。本をつくりたいという人は、それぞれの思い、切実さをもって、港の人にやってくる。なかには大手出版社から高額な見積もりを提示され、「なんとかならないだろうか」と上野さんにすがるようにいう人もいる。その切実な思いに応えたい。

「その人にとっては、生涯で唯一の著書になるかもしれないじゃないですか。だから大切につくらざるをえない。気を抜けない」

上野さんは本をつくるのに時間をかける。「〈丁寧につくる〉といえば聞こえがいいけど、不器用なせいで、どうしても時間がかかってしまう」のだという。

鎌倉でのインタビューのあと、次のようにメールで補足してくれた。そのまま引用する。

——まず、著者から預かった原稿が自分の体にしみてくるというか、馴染んでくるまでに時間がかかってしまう。著者から預かって、読んで、さらにひと呼吸おいて、僕の頭や心のなかで熟成させるというか、反芻する時間が必要なのです。ほとんどの本を自分で文字組みするのですが、組版も何度もやり直します。僕にもっと技術があれば1回でぴたっと決まるのかもしれませんが、その原稿に合った文字組みを探し当てるために何度もやり直し、その過程で、原稿への理解も深まっていきます。このような効率が悪さが欠点だとはわかっているのですが、このようなプロセスが僕にが必要なので、どうしても時間がかかってしまうのです。——

上野さんに「本にしてほしい」といって来る人は、弱い人というか、〝いま本をつくっておかないと私はだめだ〟という人なのだという。本という形あるものにしておきたいのは、自分のためだけでなくて、声を出すことで誰かとつながっていたいから。

80歳になるという著者は、4冊のノートを送ってきて「まとめてほしい」と依頼してきた。自分ではまとめる力がないから上野さんに託すのだ、というのである。4冊のノートに書かれた詩から上野さんが選んで本をつくる。これがすんなりとは進まない。上野さんの選択に著者は満足しない。上野さんはふたたび練り直す。何度もやりとりがある。とんでもない作業量だが、発行部数は100部、200部だろう。おそらくは著者とその関係者しか読まないかもしれない。

「でも、そういう本に意義がないとは思わないんですよ。それもひとつの本のあり方ではないか」

造本にも妥協はしない。

一方にミリオンセラーとなる本があり、一方にひっそりと100部だけつくられる本がある。両方存在することが本の世界の豊かさだというのが上野さんの考え方だ。

「著者の詩に対する思いと、僕の詩に対する思いがうまくかみ合うまでは、やっぱり時間がかかるんですよ。すぐにはできない。著者がこういうふうにしてほしいといい、僕がそうじゃないという。どういうものを詩集として立ち上がらせていくかを、編集者としての僕は著者とともに大切にしていきたい」

ときには喧嘩になることもあるし、途中で中断してしまうこともある。ある本の場合は、著者が癇癪を起こしてしばらく音信不通になり、だいぶん時間が経ってから「やっぱり詩集を出したい。もういちどやってほしい」と連絡が来た。

「僕も、冷たいことをいっちゃったななんて反省したり（笑）。でも、これがいいと思うんですよね。これを戦いというと失礼かもしれないけど、何かを共有するように戦っていくことで、ひとつの詩集が生まれる、そして著者も満足してくれて、僕もよかったなと思う。

そういうことがあるんですよ」

２０２０年の刊行点数は8点だった。例年は12点前後だから、３割ぐらい少なかったことになる。ただ、それがコロナ禍の影響かというと、そうでもないと上野さんはいう。企画の流れでたまたま少なかっただけで、意識的に点数を絞ったわけではない。

多くの大学が休校になり、研究室や図書館を閉めた大学も多い。学会もオンラインでの開催が多く、もしも港の人が学術書から一般書（詩歌・文芸）に軸足を移していなければ、影響は大きかったかもしれない。

持続化給付金も受けなかった。

「あれは売上が半分に落ちないと、支給対象にならないということでしたよね。うちはそれ以前に低水準ですから、もしもそれが半額以下に落ちたら、給付金があっても持続なんて(笑)。ただでさえ売上がないんだから、これより少なかったらゼロ。というか、もうほとんどゼロだけど」と相変わらずぼやき漫談のような話である。

書店での原画展やブックフェアなどイベントもほぼ例年通りの頻度で開催された。しかし、11年から毎年秋に港の人主催でやってきた「かまくらブックフェスタ」は、20年と21年、開催できなかった。

「例年、開催日当日は、数名のボランティアスタッフをお願いしますが、基本的にすべての準備は社内だけでやってきました。通常の仕事をしながらイベントの準備をしますから、かなり大変です」

コロナ禍のなかで開催するのは難しいと判断した。

「でも、それだけでなく、イベントに携わる方はみなさん同様だと思うのですが、港の人としても、そもそも人が集まることの意義や、かまくらブックフェスタそのものの意義について、さまざまなことを考えて、その上での判断です」

これからの港の人について問うと、冒頭にも書いたように、上野さんの口からは悲観的な言葉が出てくる。いま書物は末期だというのである。

もちろん港の人を始めた1997年ごろと比べて、風通しがよくなったところはたくさんある。印刷のコストは下がったし、トランスビューがあらわれて注文出荷による直卸が可能になるなど流通面でもハードルが下がった。さまざまなことが透明化され、出版社や書店の起業もしやすくなった。しかし上野さんはその認識の上で、書物の現在と未来について憂慮する。

取材後にいただいたメールで、上野さんは次のように述べている。

――さまざまな問題が山積しているなかで、僕ができることは「書物とは何か」と自分自身に問いかけることでしかないな、という気持ちがあります。というより、そういうやり方でしか僕には考えられないというべきかもしれない。社会のなかでの書物、用紙や印刷、製本、装幀、書き手と読み手の問題……いろいろな問題があってひとことには語れませんが、あえて煎じ詰めて言うならば、「自分にとっての書物とは何か」を考えていくしかない、という感じでしょうか。申し上げたかったことをもう少し正確に言うと、僕が考える「これは本である」と呼べる「本」というのは50年も経てばなくなっているだろうし、僕自身は電子書籍を本として受け取ることができない、ということです。そういう僕の感覚の話です。書物のあり方が変わるということは、言葉が変わるということでしょうし、それは人々の精神や心のありようが変わるということだと思います。それに対して、「変わってしまったな」とか「もっと変わっていくんだろうな」と寂しく思う気持ちはありますが、批判的な気持ちが強いわけではありません。――

取材したとき、上野さんは「書物をどう救うのかが時代の要請だと思うんですよね」といった。しかし、それについてもメールで次のように書いている。

――冷静に考えると自分が何を言いたかったのか、わからなくなってしまいました。書物を生き延びさせたいというふうには思いませんが、あまり崩れていってほしくないという気持ちはありますか。でも、そのところはうまくいえません。――

活版から写植オフセットへ、さらにＤＴＰ、ＣＴＰへと印刷はより速くより安くと変化した。だが製本の技術は急速に廃れている。正確にいうと技術そのものが廃れているのではなく、高度な製本の技術を持った工場が成り立たなくなり、その結果として技術が継承できなくなっている。フランス装や箔押し、天金、函など、ちょっと凝った造本は困難になっている。上野さんの話を聞きながら、わたしは和本の製本工場で見た風景を思い出した。そこで和綴じ本をつくっていたのは、ベトナムから来た実習生の若い女性たちだった。

上野さんは「うちは超低空飛行」「ずうっと業績低迷」とぼやき漫談のように冗談めかして話すけれども、実はその裏には硬い信念というか矜持がある。

「売上が伸びないから食えないと言いましたが、売上が伸びることがいいことなのか。本というのは発行部数１００部の世界もあるということを僕は知ってほしい。１００部があることの価値があるし、それを丁寧につくることに意味がある」

何部売れたのかとか、ベストセラーランキングで何位になったのかばかりが話題になりがちな出版の世界で、上野さんと港の人は抵抗をつづける。

第1稿を読んだ上野さんから、メールをいただいた。事実関係の訂正や、取材時にはいい足りなかったことの追加などのあとに、次のような文章があった。

――お原稿を何度も拝読し、この24年を改めて振り返りますと、やはり、一緒に始めた2人の仲間がいなくなったこと、学術書メインから一般書への方向転換が、ふたつの大きな出来事だったかもしれません。どちらも苦し紛れの方向転換だったと思います。ただ、「港の人」という社名が支えてくれていた部分は大きかったような気がします。尊敬する北村太郎さんの詩集の名前を汚すようなことはできない、という気持ちがあったために、とんでもない間違った方向へ行かずに済んだのかもしれません。思潮社や書肆山田をはじめとする諸先輩を見ると「詩の出版社」を名乗ることはとてもできませんが、その代わりにこの社名が応援してくれているようにも思います。北村さんは、終生反骨の精神を失わず、同時に本当に謙虚な人でした。その姿をいつも思い出します。

詩というのは弱い人、うまくいかない人、社会のすみっこに追いやられている人たちとともにあると思います。詩とともにあるというのは、そういう人たちのことを忘れないということだし、弱い自分、うまくいかない自分、社会の大きな流れにのれない自分を抱えて生きていくということかもしれません。また、詩には、世の中への反抗心、権力や不正への怒りというものも持っています。ものごとの表面ではなく、内側の奥深くを見ると、そういうふうにならざるをえないのではないでしょうか。詩集というのも、本来はそういう存在だと思います。

24年間を振り返っても、今の自分を見ても、自身の力のなさに落ち込みます。このようにしかできなかったのが自分だし、裏返せば「向いていた」という言い方もできるのかもしれません。よくわかりません。でも、今、こうして詩の近くにいられることは幸せなことかもしれないと思います。――

この誠実で真摯な態度こそが、上野さんが小さな出版社をつづけることができた最大の理由だと思う。

case
09

荒蝦夷の場合

ARAEMISHI

被災地からの情報発信は
地域の出版社の役割なんだと思います。
ふだんはその100万の人たちに食わせてもらっていて、
それが壊滅したら自分たちもおしまいなんですから

土方正志さん

ARA・EMISHI
荒蝦夷

荒蝦夷は「あらえみし」と読む。最も読み方が難しい出版社名のひとつだろう。由来は熊谷達也の小説『荒蝦夷』(平凡社、2004年。のちに集英社文庫)から。ただし熊谷の造語ではなく、大和朝廷にまつろわぬ東北の民族を指す言葉である。

会社は仙台市にある。創業は2005年だが、実質的には2000年に事業をスタートしている。創業5年、事業スタートから10年を超えたところで東日本大震災が襲った。幸い、代表の土方正志さんもスタッフの千葉由香さんもケガはなかったが、オフィスも自宅も回復不可能なほどの被害を受けた。

「直後はもうだめかなと思ったんですよ。廃業しちゃおう、震災で廃業しますといえば、みんな納得してくれるだろうな、と考えた。借金も残っていたけど、それはほかの仕事をして返せばいいし」と土方さんは振り返る。

しかし、周囲がそれを許さなかった。土方さんの『瓦礫から本を生む』(河出文庫)に詳しいが、まず、被災から4日目に救援が届いた。民俗学者・赤坂憲雄の指示で、ルポライターの山川徹が物資を積んだ車を運転して新潟経由でやってきたのだ。山川の実家は山形にあり、土方さんら6人はまずはそちらに向かう。山形で食事と風呂にありついた土方さんに、怪談作家で山形市在住の黒木あるじが「戸田書店山形店に行ってください」という。土方さんが同店を訪れると、〈荒蝦夷支援ブックフェア〉がどーんと開催されているではないか。同店のパソコンを借りてメールやTwitterをチェックすると、荒蝦夷の安否を確認するメールや応援メールが大量に入っていた。

「ああ、そうか、ふだんは意識したことがなかったけど、僕らのことをみんな応援してくれていたんだ、これはやめられないなと思った」

山形市に一軒家を借りて仮事務所をつくり、営業を再開した。

印刷会社の倉庫に預けていた在庫は無事だった。

「被災から1週間ぐらいで印刷会社と連絡が取れた。倉庫内は機械が倒れたり物が散乱していて内部には近づけないけど、双眼鏡で確認したら荒蝦夷の在庫は大丈夫だという。ただし、そこまでたどり着くのにちょっと時間がかかるけど、と。それでなんとか出荷の目処も立った」

支援・応援の輪はどんどん広がっていった。前年に土方さんと〈みちのく怪談プロジェクト〉を立ち上げていた文芸評論家・アンソロジストの東雅夫がネットで支援を呼びかけ、神戸市の海文堂書店（2013年閉店）や名古屋市のちくさ正文館など全国各地の書店は荒蝦夷を支援するブックフェアを展開した。京極夏彦や宮部みゆきら作家からも支援の声が上がった。

ネット時代ならではかもしれないが、こんなにも素早く支援の声が書店や作家、読者から上がる荒蝦夷とは、どんな出版社なのだろう。

土方正志さんは1962年、北海道ニセコ町（当時は狩太町）で生まれた。実家は昭和はじめからつづく呉服屋だった。ちなみに父方のルーツは東京・日野の石田。つまり土方歳三と同じだ。母方のルーツは青森の五所川原。

子供のころの土方さんは、心臓病を患い、本を読むしかない毎日だった。本をつくりたい、出版の仕事をしたいと思う原点は子供時代にある。

札幌郊外の高校を卒業後、1年間の浪人生活を経て、仙台市の東北学院大学文学部歴史学科に進む。大学を卒業すると東京・市ヶ谷のエディタースクールに通う。

「大学を卒業した80年代なかばは、地方の私立大学から東京の出版社に就職するのは至難のワザでした。エディタースクールではとにかく本をつくるための技術を教え込まれた。それがよかったと思います。出版界の華やかな面ではなく、製造業としての面をしっかり見ることができた」

エディタースクール卒業後、税務・会計系の業界誌に就職する。写植オフセットの時代で、写植屋や印刷工場の職人たちに怒鳴られながら、雑誌づくり、本づくりを覚えた。業界誌から一般の出版社に転職しようとするが、フリーライターをしていたエディタースクール時代の同級生に「仕事なんていくらでもあるよ」といわれた。実際にやってみると、仕事には困らなかった。「週刊文春」「週刊現代」「週刊朝日」「サンデー毎日」など、出版社系・新聞社系の週刊誌を中心に仕事をした。編集部からの依頼を待つのではなく、自分で企画を立てて編集部に持ち込み、取材の段取りから完成原稿の入稿、校正まで一貫して行うフリーの編集者兼ライターである。

土方さんの著書『瓦礫から本を生む』の単行本刊行時タイトルは『震災編集者』。フリーランス時代の土方さんが精力的に取材したテーマのひとつが災害だった。雲仙普賢岳の噴火、奥尻島の地震と津波、阪神淡路大震災などの現場を取材した。とりわけ阪神淡路大震災では5年にわたって神戸に通い、月の半分以上を神戸に滞在した時期もあった。災害を取材していた編集者兼ライターが今度は被災者になってしまったという運命の皮肉が『震災編集者』というタイトルに込められている。

2000年に仙台へ拠点を移し、荒蝦夷の原型となる仕事をするようになるまで、土方さんは数冊の単行本を書いている。第一作は1991年にJICC出版局（のちの宝島社）から上梓した『写真家の現場　ニュードキュメント・フォトグラファー19人の生活と意見！』で、ドキュメント写真の若手たちに取材したものだった。そのほか、『ユージン・スミス　楽園へのあゆみ』（佑学社、93年。第41回産経児童出版文化賞。現在は偕成社より刊行）

や『瓦礫の風貌　阪神淡路大震災1995』（リトルモア、95年）など、写真や写真家をテーマにしたものや写真家との共著が多い。なかでも話題になったのは写真家の酒井敦と組んだ『日本のミイラ仏をたずねて』（晶文社、96年）だろう。わたしも持っている。その後、この本は2018年に『新編　日本のミイラ仏をたずねて』として天夢人からふたたび上梓されて土方さんからいただいたのだが、わたしはそのときまで「あの土方さん」が「この土方さん」だと気づかなかった。

書籍を出すきっかけは、取材で会ったある先輩ジャーナリストの助言だった。「インタビューしたとき、『君はフリーなのか。本を出せよ』といわれた。『そんなこといっても、出せるんですか』『出さなきゃ。君はフリーで5年、10年とつづけていたら原稿料が上がると思っているだろ？　絶対に上がらないよ。本を出すようになったら上がるかもしれないけど、そうじゃないとずーっと使い捨てのぺえぺえのまま』と。本を出すには、企画書を書いて、出版社に売り込んで歩け、とライター指南をされた」

かといって、ノンフィクション作家として大成しようとか、なにか目標があったわけでもない。それでも雑誌の仕事は切れ目なくあったし、1、2年に1冊ぐらいのペースで書籍も出すようになっていた。そのまま東京でフリーライターをやっていてもよかったはずだ。たとえばわたしのように。

土方さんの話を聞いていると、わたしと重なるところが多いのに驚く。まず出身が同じ北海道（わたしは旭川市）。わたしは81年に西武百貨店系の洋書店に入社し、写真集が担当だった。洋書店勤務をしながらフリーライターを始めたのが85年ごろ。88年に洋書店を退社してフリーのライター兼編集者になる。妹の友人だった酒井敦に会ったのはそのころ。90年から93年までＪＩＣＣ出版局の『宝島』と『別冊宝島』編集部に在籍し、最初の単著『菊地君の本屋』（アルメディア）を上梓したのもこのころだ。

２０００年に土方さんは根拠地を仙台に移す。土方さんと同じく80年代・90年代に東京の出版業界に身を置き、同じような軌跡をたどってきただけに、土方さんの思い切りのよさに感嘆する。

きっかけは民俗学者の赤坂憲雄との出会いだった。

「週刊誌の取材で東北芸術工科大学にいた赤坂さんと知り合ったんです。赤坂さんが〈東北学〉を立ち上げたときで、僕は大学が仙台だったし、赤坂さんの本も以前から読んでいて、面白いなと思っていた。三内丸山遺跡の発掘などで東北ブームがやってきていた。何度か会ううちに、東北芸術工科大学が東北文化研究センターをつくるのだが、出版を活動の柱のひとつにしたい、手伝わないかといわれました。定期刊行物として『東北学』と

『別冊東北学』を出すことになったのですが、その『別冊東北学』の編集を引き受けました。年に2冊ということだったので、東京から通えばいいかなと思っていた。ところが、とりあえず1冊やってみたら、東北は広い！　東京から通ってつくるのは大変だと気がついた」

このときすでに土方さんはエディタースクールで知り合った女性と結婚していた。妻は東京出身。相談すると、東北芸術工科大学がある山形市ではなく仙台市なら、と妻はいった。このあたりもよくわかる。都会しか知らない人にいきなりの地方都市暮らしは厳しい。東京から新幹線で90分強、１００万都市の仙台市なら暮らせるかも、と考えるのは自然だろう。

「東京の出版界もそろそろ景気が悪くなってきていました。週刊誌も経費削減のため取材費が出なくなった。持ち込み企画でも、支払われるのは原稿料だけ。足が出てしまう。災害取材だけでなく海外取材も多くて、そろそろ疲れてきたということもあったのかもしれない。38歳でした」

背中を押したのは宗教学者の山折哲雄だった。雑誌『望星』（東海教育研究所）の仕事で定期的にインタビューしていた山折に相談すると、「絶対に面白い。これから東北は面白くなるぞ」と強く勧められた。山折のルーツは岩手県、そして仙台市の東北大学卒である。

仙台市に移った時点で、出版社を興そうという気持ちはまったくなかった。「僕はなりゆきまかせの人生ですから」と土方さんは笑う。

2000年の時点で決まっていたのは、『別冊東北学』を年に2冊、5年間で10冊つくるということだけ。学術論文誌の『東北学』に対し、『別冊東北学』はフィールドワークをメインに、聞き書きや東北各地のルポルタージュ、東北在住作家の寄稿などで構成した。ひとつ決まりがあって、それは毎号かならず東北6県をカバーすること。結局、2004年まで8冊を刊行した。責任編集者は赤坂憲雄と舞踏家の森繁哉。

約束の5年が終わったところで、東京に帰ろうかとも思ったのだが、結局、仙台市にとどまることになった。

「5年間やったところで、東北についてもっと深掘りしなきゃね、ということになった。『仙台学』とか『津軽学』とか、エリアをもっと細かくしてやっていく。うちは『仙台学』と『盛岡学』をやることになった」

それまでは荒蝦夷という会社ではなく、土方さんや千葉由香さんらフリー編集者の共同事務所として仕事を受けていた。出版元は東北芸術工科大学東北文化研究センターだったが、『仙台学』や『盛岡学』は大学を離れての出版となる。

「書店に卸そうとすると、『取引するには契約しないといけないから、フリーの事務所じゃ困るんだよね。せめて法人化してよ』といわれて、会社にすることにしたんです」

冒頭に書いたように、荒蝦夷という社名は熊谷達也の小説から。熊谷は土方さんが仙台市に移る直前の97年に小説すばる新人賞でデビューし、2000年には『漂泊の牙』で新田次郎文学賞を受賞、04年には『邂逅の森』で山本周五郎賞と直木賞をダブル受賞していた（ちなみに両賞のダブル受賞は21年の佐藤究『テスカトリポカ』まで17年間なかった）。熊谷は赤坂憲雄の市民講座の受講生でもあり、千葉さんの兄と高校の同級生でもあった。しかも住まいは土方が住んでいたマンションと田圃を隔てた隣。土方さんは熊谷とときどき飲むようになり、『別冊東北学』に何か書いて欲しいということで始まったのが小説『荒蝦夷』の連載だった。

「社名にもらっていい？　と熊谷さんに聞いたら、いいも悪いもないよ、もともと『日本書紀』に出てくる言葉なんだから、と。でも、昔から読めない社名をつけると潰れるといわれているからよしたほうがいい、ともいわれた。それでも、まあ、いいか、東北ならではの社名だし、と荒蝦夷でいくことにした」

荒蝦夷は創業から現在に至るまで取次を使っていない。基本的に書店との直取引である。「深い考えがあったからじゃなくて、売れないだろうと思っていたからです。『仙台学』が売れるのはほとんど宮城県だけ、『盛岡学』が売れるのは岩手県だけだろう、と。ただ、もっと話を大きくすると、取次に対する反発があったわけでもない。『仙台学』を地元の本屋に置いてもらうのに、いちいち取次を通す必要を感じなかった。それだけです。いまのオフィスからは、丸善仙台アエル店もジュンク堂書店仙台TR店（2021年7月閉店）も歩いて5分。市内の本屋さんなら自転車でもクルマでもすぐです。ピザの配達より速いと驚かれたこともあって、そこに納品するのに、なんでわざわざ取次に送らなきゃならないのか、意味がわからない（笑）」

取次というシステムは、同じものを全国に均一的に卸すには都合がいいが、荒蝦夷のような出版社にはあまりメリットがない。それは『別冊東北学』の販売で痛感したことでもある。極端にいえば、鹿児島の書店に『別冊東北学』を配本しても売れるわけがない、東北6県に集中してほしいと要望してもかなえられない。

細かいことでいうと『別冊東北学』で取材するのは東北在住者が多い。彼らは自分の記事が載るのを心待ちにしている。ところが近所の本屋には並ばない。取材に協力したのに買えないじゃないか、そういうクレームは取材・編集した土方さんや千葉さんに来る。わざわざ土方さんが仙台市の書店で購入して送ることもあった。そうした経験から、取次を使うことには意味がないと判断した。

荒蝦夷が取引する書店は東北を中心に1200店ほど。東北だけでなく全国の有力書店とも取引している。

取次の機能は物流と金融（出版社と書店の間で代金の回収と返品の精算をする）と情報だが、書店と直取引するにはそのすべてを出版社が担わなければならない。

「新刊の発売が決まると、取引している書店に案内のFAXを送って、注文が来たら送品する。市内の書店員さんたちとは、ふだんから配達に行くたびに雑談したり、一緒に飲んだりしているから、その前から『いま、こういう本をつくっている』という話をしています。だから新刊が出れば〈荒蝦夷の新刊！〉と店頭の目立つところに陳列してくれます」

地元メディアも同様。河北新報も山形新聞も地元紙の記者とはよく会うし、新刊が出れば書評も載る。ラジオやテレビも取り上げる。地元紙だけでなく、朝日新聞や読売新聞など全国紙の支局も記事にする。それは「地元の出版社を応援しよう」という気持ちが地元メディアにあるからであり、新聞やラジオ・テレビの向こうには「地元の出版社が出す本のことを知りたい」という読者や聴取者・視聴者の気持ちがある。

書店へは委託で卸していて、売れた分だけを請求する。どのくらいの間隔で在庫を調査するかは書店の意向で決める。毎月精算する書店もあれば、6か月ごとの書店もある。委託ではあるが、返品はほとんど発生しない。精算しても引き続き置いてくれる書店がほとんどだ。ヤケやショタレと呼ばれる汚損本は交換する。

「これも地域密着だからだと思うんですけど、なかには『お金がないんでしょう? だったら、毎月精算にして、毎月支払いましょう』といってくれるところもあります」

取次を使えば取次マージンが発生するし、納品から支払いまでの時間が長く、しかも何割かは支払いを留保されたり、リベートを要求されることもある。資金繰りなどから考えると、直取引は出版社にとって利点が多い。出版界全体から見ると特殊な事例なのかもしれないが、地元でつくって地元で売る(読まれる)地産地消のいいところを荒蝦夷は体現している。

もっとも、東北6県の人口はおよそ870万人で、そのうち最大の宮城県が230万人、福島県が185万人。面積は広いが人口はけっして多いといえない。高齢化率も高い。ここで出版業を成り立たせるのはたやすいことではない。いま仙台市には商業出版をおこなう主な会社が荒蝦夷を含めて4社ある。1975年創刊のタウン情報誌『S-style』を刊行するプレスアート、地元紙『河北新報』の河北新報出版センター、東北大学出版会、そして荒蝦夷だ。

「1960年代ぐらいまでは、全国に小さな出版社がたくさんあったんですよ。それが高度経済成長とバブルで一掃され、本は東京の出版社が出すものになっていった。地方にあった印刷会社・製本会社も激減した。本づくりのノウハウは、官公庁の印刷物やパンフレット、観光案内などの印刷物でかろうじて引き継がれていた」

『東北学』『別冊東北学』をスタートしたときの方針は「ぜんぶ地元でつくろう」だった。企画も取材・編集も印刷も。流通だけは東京の作品社を使ったが、それ以外はすべて東北でつくりつづけた。荒蝦夷を発足してからも、取引する印刷・製本会社は同じだ。値段だけ比較するともっと安い印刷・製本会社は他県にもあるが、それでも地元の会社を選ぶ。

「印刷会社も当初は商業出版物の経験があまりなかったんですけど、印刷会社の人にとっては、自分たちがつくった本が仙台駅前の丸善やジュンク堂に並ぶというのは新鮮な経験だったようです。書店に並ぶクオリティーの印刷物もできます、というのは印刷会社にとってアピールポイントにもなるし、モチベーションにもなったのではないかと思います」

こうした関係性に荒蝦夷が助けられることもある。たとえば荒蝦夷は倉庫を持っていない。冒頭に書いたエピソードのように、震災までは在庫は印刷会社の倉庫に置いてもらっていた。印刷会社も鷹揚なものである。それが震災時に役立った。在庫が無事だったので、全国の書店が〈荒蝦夷支援フェア〉を立ち上げたとき、本を書店に送ることができた。荒蝦夷の出版は著者や書店、そして読者だけでなく、印刷・製本会社も含めたネットワークというかコミュニティのなかで存在している。

『仙台学』と『盛岡学』だけでは食べていけそうにない、独自のものをつくらなければと考え、刊行したのが高城高『X橋付近　高城高ハードボイルド傑作選』だった。

高城高は函館市出身のハードボイルド作家。東北大学在学中に「X橋付近」でデビュー、江戸川乱歩に絶賛された。仙台を舞台にした作品が多い。しかし70年代になってからはほとんど作品を発表せず、幻の作家と呼ばれていた。本名は乳井洋一。東北大学を卒業した後は北海道新聞の記者になっていた。

「ぼくはミステリーが好きで、学生の時に『X橋付近』は知っていました。いまでこそいろんなアンソロジーに入っているけど、高城さんの本はみんな稀覯本だった。一時はネットで1冊10万円近い値段がついたほど。あるとき北海道新聞社と仕事をすることがあって、打ち合わせのあと札幌で飲むことになった。挨拶された相手の名刺に乳井洋一とある。高城高さんですよね、というと、なんでそんな古いことを知っているのと驚かれました。それで『別冊東北学』に『X橋付近』を再録した。その後、荒蝦夷をつくったとき、もう高城さんはリタイアされていたけど、1冊にまとめませんかとお話しして本にしました」

これが予想外のヒットとなる。２００７年の「このミステリーがすごい！」と「ミステリが読みたい」の年間ランキングにランクインしたのだ。取次を通していない地方出版社の本がランクインしたのは最初で最後ではないかと土方さんはいう。

しかし、そこで土方さんは大いに慌てる事態となる。ランクインしたことで全国の書店や取次から問い合わせの電話がひっきりなしにかかってくる。荒蝦夷の在庫は1000冊もない。どうすればいいか。

そのとき助けてくれたのが紀伊國屋書店仙台店調査役（当時）の加藤敦子だった。「わかった、在庫を仙台の紀伊國屋と丸善で分けます。どこから問い合わせが来ても、全国の紀伊國屋と丸善にはあります、といいなさい。それぞれの仙台店から全国の店舗に回しますから」と加藤はいった。荒蝦夷という聞き慣れない名の（しかもめったに読めない）出版社の名前が出版界・読書界に広まったのはこれがきっかけである。


会社名を「荒蝦夷」としたとき、出版だけでは食べていけないだろう、と土方さんは考えた。「荒蝦夷出版」とか「荒蝦夷書房」としなかったのはそのためだ。他の出版社の下請けとして編集プロダクション的な仕事をしたいと思っても、「〇〇出版」「〇〇書房」では依頼がないだろう、と助言してくれる人もいた。実際、荒蝦夷の利益高全体でみると、自社出版物によるものは3割ぐらい。自費出版ではないけれども、ある程度、著者による買取がある条件で出すものが1割ぐらい。ほかの6割は、大学からの委託仕事や市民講座の企画運営、ほかの出版社の編集請負、そして土方さんや千葉さんの原稿料収入など。いろいろと多角的に活動して荒蝦夷は成り立っている。

東日本大震災は、荒蝦夷の出版が軌道に乗りつつあるという実感を持とうとしているタイミングで襲ってきた。東北学関連の本に加え、怪談やミステリの発掘・復刻などの路線に手応えを感じていたが、震災によって荒蝦夷は震災関連の本に注力していくことになる。震災以前には予想もしていなかった本である。自社刊行物だけでなく、東京の出版社の書籍の取材や編集もおこなった。

「依頼してくれたのは震災以前からつきあいのある出版社が多かった。彼らにしてみると、震災のことなら自分たちでやるより荒蝦夷がやったほうがいいだろうという判断もあったでしょうし、荒蝦夷が困っているようだから仕事を発注して助けてやろうみたいな気持ちもあったと思います。それは実際、経済的にも、仕事のやりがいとしても、被災地の出版社としても、ありがたかった」

たとえば雑誌『震災学』は東北学院大学の出版物として刊行されている。荒蝦夷が企画を持ち込んだのではなく、話は大学側からだった。東北学院大学は東北最大の私立大学として、被災地支援では大活躍した。同大はミッション系だが、全国のミッション系大学が被災地にボランティアを送り出すときのハブにもなった。２０１２年に震災後の出版活動により荒蝦夷が出版梓会の新聞社学芸文化賞を受けたとき、河北新報の記事を見て佐々木俊三副学長（当時）から連絡があった。大学としては今後も震災について長い目で考えていきたい、出版もやりたい、記事によると、あなたは東北学院大学の卒業生だというではないか。どうせやるなら東京の出版社ではなく、地元で、卒業生の君にお願いしたい。

そのように震災対応を担当していた佐々木副学長はいった。

２０２１年春で震災から10年になる。福島第一原発の周辺をはじめ、復興にはほど遠い状況があるが、ようやく震災以前に考えていた怪談やミステリなどの書籍刊行に着手できそうだと土方さんは話す。もちろん震災関連の本も引きつづき出しつづけるだろう。

伊坂幸太郎のエッセイ『仙台ぐらし』（２０１２年）の刊行も大きなできごとだった。「部数は3万ぐらいいきました。うちでは大きい。書店との直取引です。たぶん伊坂さんの本で直取引は、いまのところあれだけだと思います。あれも紀伊國屋書店に助けてもらいました。出版する前に例の加藤さんに相談したら、『あなたたち、印刷費あるの？　ふだん出している少部数の本とは違うのよ、絶対売れるわよ。ベストセラー倒産しちゃうわよ。買い切りにしなさい』と助言されました。これまで委託でやってきたのに、『仙台ぐらし』だけ買い切りにはできないというと、『いま荒蝦夷を助けようという人が全国にいる。今回こういう事情で買い切りにしたいと手紙を書きなさい。それを取引のある書店に全部FAXしなさい』と。丸善と紀伊國屋の配本はぜんぶ仙台店が引き受けてくれました。東京・立川のオリオン書房の白川浩介さんはTwitterで全国の書店員に向けて檄を飛ばしてくれたし、それに応じてみなさん買い切りで仕入れて売ってくれました。買い切りなので現金がすぐ入ってきて、助かりました」

土方さんが仙台の街を歩いていると、カフェで仕事をしている伊坂幸太郎を見かけることがあり、逆に伊坂幸太郎がカフェから歩いている土方さんを目撃することがある。荒蝦夷のオフィスには伊坂幸太郎や熊谷達也が顔を出す。作家とのそうした関係がつくられるのは、仙台だからかもしれない。

「作家さんたちにも世話になっています。社員ふたりの小さな出版社を、皆さんが助けてくれる」

2019年春、荒蝦夷の古書店、「古本あらえみし」がスタートした。オフィスとする一軒家の一階が店舗である。店舗はトークイベントの会場にもなる。

古本屋を始めたのはもっぱら土方さんの個人的な事情によるところが大きい。土方さんの実家は北海道ニセコにある。土方さんはこの実家を書庫のようにしていた。本が増えると実家に送っていたのだ。しかし2014年にお父さんが亡くなり、お母さんは18年に施設に入った。遠距離介護は大変だった、と土方さんはいう。

土方さんはひとり息子で、実家は空き家になった。その空き家を、民泊用に貸すことになった。ニセコは外国人観光客でにぎわうリゾート地である。貸すためには家を空にしなければならない。大量の蔵書を仙台に移動するにあたって考えた。

「自分が持ち続けても、結局、死蔵することになってしまうのではないか、と。きっとこの本を探している人がどこかにいるだろう、だったら自分で売ってしまおうということになったんです」

いまでは古本の売上も荒蝦夷にとって重要な収入となっている。

「この10年、震災一色になっちゃったというのはあるけど、震災の本をつくりながら、これが仕事だと思いました。地元が壊滅したときに、地元の出版社にはほかにやるべき仕事はない。地方でも人口100万人なら出版社が成立する。100万人規模の都市が災害に襲われたとき、地元の出版社には外に向かって発信する力がある。被災地からの発信という意味で、荒蝦夷があってよかったよ、と何人もの人からいわれました。被災地からの情報発信は地域の出版社の役割なんだと思います。ふだんはその100万の人たちに食わせてもらっていて、それが壊滅したら自分たちもおしまいなんですから」

出版は東京の地場産業だとか、出版をやるなら首都圏じゃなきゃなどともいわれるが、むしろ東京のほうが大変だろうと土方さんはいう。

「われわれは地域が見えている、読者が見えている、そこに向かって本をつくっている。ここで100万部売れる本をつくれるわけはないんだけど。出版社って地域にあっては特別な存在じゃないんじゃないかな。産直なんかと同じ。気仙沼の漁師と同じだ（笑）。有限会社荒蝦夷を地元の零細企業として考えると、べつに出版だけで食べていく必要もないと思う。地域にとっての本にまつわるなんでも屋でいい、そんな気がします」

……と、ここまで書いたあとで新型コロナウィルス急襲。事業開始から20年、震災から10年の2020年・2021年は、仙台の荒蝦夷にとってもなかなか大変な日々だった。土方さん曰く「えらいことになってますよ、ほんとに」。もっとも、冷静に分析すると荒蝦夷の業務の中で、マイナスの影響を受けたもの、プラスの影響を受けたもの、ほとんど影響を受けなかったものがある。

まず出版業務について。荒蝦夷自社の出版物については影響がなかった。2020年は『真田啓介ミステリ論集　古典探偵小説の愉しみ』全2巻（『フェアプレイの文学』と『悪人たちの肖像』）を刊行、同書は第74回日本推理作家協会賞（評論・研究部門）を受賞した。21年に塔短歌会・東北による震災を詠んだ歌集『3653日目 〈塔短歌会・東北〉震災詠の記録』や志賀泉『百年の孤舟』、『杉村顕道作品集 伊達政宗の手紙』を刊行している。

「ミステリ評論集は以前からコツコツやってきたし、『3665日目』も震災10年に合わせて以前から進めてきたもので、ほとんど影響はありませんでした。ただ、東京の論創社と進めていた宮城県出身の探偵作家、佐左木俊郎の発掘企画『佐左木俊郎探偵小説選』全2巻は遅れました。というのもこれは仙台文学館で開催した生誕120年展（企画展「作家・編集者 佐左木俊郎 農村と都市 昭和モダンの中で」）にリンクさせてと思っていたんですが、コロナ禍で文学館が休館になったり、会期も変更になったりしたので、刊行のタイミングをなかなか合わせられませんでした」

刊行が遅れれば、編集費等の入金も遅れるわけで、これはちょっとつらいところ。

震災10年ということでさまざまな講演会やシンポジウム、トークイベントも企画されていた。そのなかには荒蝦夷が企画から参加していたものもあれば、土方さんが登壇者として依頼されていたものもある。イベントは軒並み中止されたりオンラインに変更されたりした。

「東北学院大学が市民向けにやっている地域連携センターの連続講座『震災と文学』の企画運営を担当していますが、これは対面からYouTubeに変えました。熊谷達也さん・柳美里さん・和合亮一さんが震災10年を振り返るというものです」

前出の山形在住の怪談作家・黒木あるじは映像作家でもあり、この震災10年の映像制作は黒木に依頼した。

取次を通さない地域密着の直卸でやってきたから、コロナ禍のなかでの営業もそれまでとほとんど変わらない。新刊が出るとFAXやメーリングリストで知らせ、営業している店には配達を兼ねて顔を出して「お互いに気をつけようね」なんて声をかける。もっとも、県境を越えての営業活動ははばかられ、「そういえば、山形県や福島県の本屋さんには、この1年、行っていませんね」と土方さんはいう。

佐左木俊郎の本の刊行遅延や、講演会・シンポジウムの中止などコロナ禍のネガティブな影響を補ったのが「古本あらえみし」の古書販売だった。「古本屋をやっていてよかった、助かった」と土方さんはいう。

「ステイホーム需要ですね。うちはネット販売をやってなかったんですが、緊急事態宣言で店舗を休業したときネット販売を始めました。バイト君たちに、休業だ、さあやるぞ、と発破をかけて。店舗を閉めているときはネット販売が好調でしたし、再開してからは店舗でもそこそこ売れました。デパートなどでの古本市にも積極的に参加しました」

古本は現金がその日に入ってくるから、その点でもありがたかった。元はといえば土方さんの実家にあった大量の蔵書を処分するためにはじめた古書店業だったが、思わぬところで助けとなった。「古本屋をやっていなかったら、かなり深刻な状況になっていたかもしれない」と土方さんはいう。

もっとも、その古本屋があだとなる場面もあった。2021年2月13日、東北地方は最大震度6強、マグニチュード7・3の地震に襲われた。震源地は福島県沖で、東日本大震災の余震とみられる。この地震では古本あらえみしにも被害があった。

「本棚は倒れなかったけれども、棚の本は雪崩のように落ちてきた。建物も古いものだから、トイレの配管が壊れたり、玄関のタイルが落ちたり。雪崩れた本を片づけるのは心が折れます」と苦笑する。

大きな余震だから、10年前のことがフラッシュバックした。震災10年についての取材や原稿依頼も重なっていたタイミングだったのでなおさらだった。

「記念日症候群とまではいわないけれど、けっこうメンタルをやられた人もいます。10年ということで、被災地の空気は複雑です。節目だといわれると『これで終わらせるつもりかい、東京のメディアは』という声があるし、現地としては『10年だからといって、何も変わっていないよ』という声もある。読点をちょんと打つぐらいの話で、何も変わっていないというのが生活実感です。ただ、だからといって全国メディアに毎日考えてくれというわけにもいかないし、逆に節目だといってみんなが思い出してくれるならそれはそれでよしとしなければ、という判断もある。そこは複雑ですよね」

古書店開業のきっかけになった、土方さんのお母さんの病状は進み、グループホームから病院に移ったのだが、感染防止のため面会はかなわず、土方さんは19年の年末からずっと会えずにいる。北海道内に住んでいる家族ならごく短時間の面会が可能だが、道外からは「ご遠慮ください」ということなのだ（21年10月2日死去）。

仙台の感染状況も厳しいが、東日本大震災の被災3県は他の地域よりも冷静かもしれない、と土方さん。震災では被災地の誰もがパニックといっていい危機的な状況を経験した。社会的クライシスという意味では大地震もパンデミックも共通したところがあるのではないかと土方さんはいう。地元密着ならではの感想だ。

case 10

往来堂書店の場合

OHRAIDO SHOTEN

これからは書店が『これはいいものだから、
買ったほうがいいよ』と薦めて
売る商売になっていくと思うんです。
ほかの商売と同じようになっていくということですね

笈入建志さん

往来堂書店

東京・千駄木の往来堂書店は本好きのあいだではよく知られた書店だ。立地は地下鉄の千駄木駅から徒歩5分、根津駅から徒歩8分の不忍通り沿いで、売場面積は20坪。路面店ではあるものの、駅から少し離れているから絶好の立地とはいえない。それでも客足が絶えず、「往来堂があるからこの街に引っ越してきた」という人までいるのは、一にも二にもその品揃えと陳列が見事だからだ。といっても、なにか派手なことをやっているわけではない。POPが林立しているわけでもないし、あちこちに雑貨が置かれているわけでもない。ただただ並んでいる本の選択が素晴らしく、覗くたびに「ああ、この本、気になっていたんだよな」「へえ、こんな本が出てたんだ」と発見と感動がある。

小さな出版社についてその事業の継続方法をたずね歩いた本書のしめくくり、往来堂にご登場いただくのは、「小さな書店にとって小さな出版社はどんな存在なのか」を知りたかったからだ。「クロス現象」という言葉を聞いたのは1980年代だったか。小さな出版社の本を積極的に売るのは大型書店で、小さな書店は大手出版社の売上で成り立っている、という意味だ。もちろん大手出版社と小さな出版社では出版点数も発行部数も違うし、大型書店と小さな書店では売場面積や在庫量が違うのだから、ナンセンスないい方かもしれない。ただその背景には「小さな出版社に冷淡な小さな書店が多いなあ」という嘆きや、「もしかして小さな書店にとって小さな出版社の本は迷惑なのか」という零細出版社経営者の気後れみたいなものもあった。
もうひとつ往来堂に話を聞きたかったのは、わりと最近、店長の笈入建志さんが親会社から経営権を譲り受けて経営者になったことについてと、その少し前から有限会社NET21という町の本屋が集まってつくった会社に参加していることについて。いまはどこの書店も厳しい時代だが、往来堂は事業をつづけようという明確な意志を持っていろいろなことに挑戦している。

往来堂書店の開店は1996年11月。偶然だが、日本の新刊市場がピークを迎えた年だった。経営は都内のビルメンテナンス会社で、大塚駅前にあった田村書店の支店として開店した。開店したときの店長は安藤哲也で、独特の切り口で本を並べる「文脈棚」で有名になった。文脈棚というのは、たとえばDVについての本と離婚手続きについての本と資格試験の問題集を並べて置くような方法。夫からのDVに悩んでいる人が立ち読みしていて、ふと見ると隣に自立を促す本があり、さらにその隣には資格試験の本もあって、「そうだ、経済的不安で離婚できないと思っていたけど、資格を取って就職すればだいじょうぶ。離婚届を出そう」と思うかもしれない（これはわたしが安藤自身から聞いた「たとえば」だ）。その後、安藤は往来堂を退社、ネット書店のbk1などを経て父親の子育てを考えるNPO法人ファザーリング・ジャパンをつくる。いまはそちらでのほうが有名だろう。著作も多い。

なぜ往来堂書店をつくったのか。安藤のあとを継いで2代目の店長となり、いまは店主でもある笈入さんは次のように話す。

「日本の近代出版流通システム、つまり取次のプレゼンスが非常に大きい仕組みに対するアンチテーゼとして立ち上げた側面が大きいと思います。取次は出版社から納品された本を見はからいで書店に配本する。小さい書店は雑誌とコミックと文庫の新刊だけ売ってなさい、内容の難しい書籍は大型店で売ればいいから、と。でもそれだと本の好きな人は満足しない。文芸書や人文書、ポピュラーサイエンスなどの書籍もきっちり置いて、地元の人が買いに来られるお店にしよう、そのためには取次の配本に対して受け身でいるだけじゃだめだよね、ということで始まったお店です。ただ、開店から四半世紀が経って、その対立構造はもう古いですよね。最近全国に増えている小さな書店は、それを前提としたうえで次を始めています。往来堂書店も違う軸を出していかなければと感じています」

笈入建志さんは1970年生まれ。生まれたのは千葉県松戸市だが、おもに東京・青山で育った。都立日比谷高校から早稲田大学商学部に進み、旭屋書店に入社。配属されたのは東武百貨店内にある池袋店だった。旭屋書店は大阪に本拠地を持つナショナルチェーンだが、都内でも有楽町や水道橋、渋谷などに店舗を展開していた。笈入さんが就職した1994年ごろは、書籍も雑誌もよく売れて、出版業界の成長は永遠につづくのではないかと思われた時代だった。

「本の洪水に押し流されそうでした。乙武洋匡さんの『五体不満足』が何十万部重版したとか、大平光代さんの『だから、あなたも生きぬいて』が何十万部突破したとか、そんな話が毎日のように入ってきていた」と笈入さんは振り返る。

旭屋書店池袋店の売場面積は500坪で、ジュンク堂書店など1000坪クラスの書店が珍しくなくなった現在は超大型店という感じではないが、新刊だけでなく刊行されている本は可能な限り揃えていて、客もそれを期待していた。だから店員は客からの問い合わせ対応にエネルギーの大半を費やすことになる。とにかく売場で作業をしているとたえず呼び止められ、「○○という本はないか」「今朝のワイドショーでやってた本はどこだ」と訊かれる。作業を中断して本を探す。ポケベルでレジカウンターに呼び出され、担当分野の本について訊かれることもしょっちゅうだった。

「問い合わせへの対応で1日が終わるという感じでした。地獄ですよ」

ある休日、笈入さんは話題になっていた往来堂書店を見に行った。店内の雰囲気が旭屋書店とはまったく違うのに驚いた。いかにも本好きな客がゆっくり棚を見て回っていて、地元の人に根づいている感じがした。文脈棚も新鮮だった。

２０００年、往来堂書店のサイトを見ると店長募集の告知が出ていた。安藤哲也が退社したのだ。笈入さんは旭屋書店を辞めて往来堂書店に入社した。

「往来堂に移ってみると、『この本、ない？』と訊いてくるお客さんが少ないことに気がつきました。お客さんはなくてあたりまえだと思っているから。欲しい本があるときは『急がないから取り寄せておいて』と言われます。非常に気が楽になりましたね」

旭屋書店のような大型店は、すべての本を置くのが前提だから、入荷した本を取捨選択しなくてもいい。でも小さな書店は違う。陳列できる棚に限りがあるから、置く本を選ばなくてはならない。取捨選択するには自分の中にその基準が必要だ。

笈入さんが店長になってしばらくしたころ、わたしは往来堂を覗いてあることに気づいた。安藤が店長だったときは、うまくはまると何冊も買いたい本があったけれど、はまらない日は１冊も買うものがなかった。笈入さんが店長になると、買いたくなる本がどこかに必ずあった。書店というものは、店主が交代するとこんなに変わるのかと驚いた。

「新刊の探し方が安藤さんと僕とでは違ったのかもしれませんね。安藤さんは顧客が何を求めているかシミュレーションして考える。僕は大型店にいた影響で、出版社の新刊予告を見て、出版社ごとに考えてしまう。出版社はたくさんありますから、往来堂書店で売上の多い順にチェックしていって、プラスアルファとして注目すべきものを入れる」

2003年、往来堂書店は有限会社NET21（ねっとにじゅういち）に加盟する。「コラボレーション書店」を標榜するNET21は、中小の書店が集まってつくった会社だ。中心になったのは東京・学芸大学駅前の恭文堂書店や東京・西荻窪の今野書店など、いわゆる〝街の本屋〟の2代目、3代目経営者。各書店はNET21の子会社というわけではなく、それぞれ独立した会社・組織でありながら、NET21に参加するという形態だ。取次への支払いも、一部の共同で仕入れたものは別として、各店が個別に行う。北は青森県八戸市から南というか西は岡山県岡山市まで18社28店舗。店舗数はちょっとしたナショナルチェーン並みだ。笈入さんは広報担当の取締役である。

NET21に参加するメリットは何か。

大きいのは独自のPOSデータシステムを使った情報の共有化だ。大型店やチェーン店には出版社や取次からたくさんの情報が入ってくるが、小さな店にはあまり入ってこない。これは情報を送る側の立場で考えるとわかる。日本には約1万店の書店があるが、全店に

ＦＡＸを流すと通話料だけでも高額になる（書店界ではいまもＦＡＸが重要なツールだ）。出版社は送信先を絞り込む。大きな店が優先される。しかし、ＮＥＴ21としてまとまれば、出版社も無視できない。また、出版社へフィードバックする情報も、まとまればインパクトがある。基幹となるシステムの開発も、小さな書店単独では難しいが、みんなで集まればなんとかなる。

地味な情報も共有できる。たとえば、目立って売れているわけではないけれど、確実にぽつんぽつんと売れる本がある。いわば隠れたロングセラー。気づかないことも多い。気づいたメンバーが発信して情報を共有すると、他店も品揃えに活かせる。

わたしもいちど取材したことがあるが、ＮＥＴ21の会議は出版社の会議室を借りて行う。会議の前半は会議室を提供した出版社のプレゼン。「こんどこんな本が出ます」とか「こういう企画（ブックフェアやキャンペーン）をやります」という話が多い。内容がよければＮＥＴ21としてまとまって取り組む。商店街の小さな書店が出版社から直接プレゼンを受けるなんて滅多にないことだ。プレゼンが終わると出版社の人は退場して、ＮＥＴ21だけの会議をする。

仕入れ・品揃えにもメリットがある。ＮＥＴ21としてまとまると、出版社にとっては中堅のチェーン店と同じくらいの規模になり、担当者がつくことが多い。たとえばＫ社の営業部にはNET21の担当者がいる。NET21にもK社の担当者がいる。K社から出る新刊書についてはお互いの担当者が打ち合わせをして細かな配本を決める。笈入さんは光文社・筑摩書房・平凡社・三笠書房の担当だ。

2005年に「不忍ブックストリート」が結成され、笈入さんはその中心のひとりだ。谷中・根津・千駄木界隈で本についての活動をおこなうもので、不忍通りに2軒の古本屋と1軒の新刊書店（つまり往来堂書店）があるということをきっかけに始まった。往来堂書店の開店時からの常連客であるライターの南陀楼綾繁が発案した一箱古本市はここで誕生して、やがて全国へと広がっていった。その後、2軒の古本屋のうちオヨヨ書林は金沢市に引っ越し、古書ほうろうも池之端に移転して、当初の3軒のうちそのまま残っているのは往来堂だけだが、活動はますます盛んになっている。街のガイドマップである「不忍ブックストリートMAP」も改定を重ねて発行している。

こうした活動からは、往来堂書店が自店だけでなく街全体を活性化していこうという気持ちが伝わってくる。往来堂の本棚にも地元に関する本が目立つ。

この10年以上、谷中ブーム、下町再発見ブームがつづいている。往来堂書店の周辺にも観光客目当てとおぼしき店が増えた。

「往来堂書店はブームには乗り遅れたというか、いまだ乗れずにいるんですよ。なんていうか、観光地としてわざわざ遊びに来るところになっちゃった。谷中の商店街なんて、日常の買い物をするところだったのに竹下通りみたいになって。お土産屋さんばっかりだから、住んでる人は（個人商店でなくて）スーパーに食品を買いに行くようになっちゃった」

それって、最近の書店界にも似ていますね、と笈入さんはいう。つまり小さな街の本屋が日常のものでなくなり、非日常的な、わざわざ遠くから行くような書店ばかりになってしまったという意味だ。セレクトショップ型の書店、独立系書店をあちこちでホメてきた身としてはいささか耳が痛い。

２０１８年、笈入さんは会社から経営権を譲渡され、店長から店主になった。その話を笈入さんから聞いたときは、「すげえじゃん、笈入さん」と思ったけれども、よくよく聞くとやむにやまれぬ選択だった。つまり親会社が「そろそろ閉めようか」といい出したのである。往来堂書店がなくなれば、この街から新刊書店が消えてしまう。

「僕は本屋しかできないけれど、もう47歳でしたから、別の書店に再就職するのは年齢的に難しい。だから自分でやることにしました。」

ＮＥＴ21に参加してから15年のあいだ、同世代の書店経営者たちと毎月のように会って話を聞いてきた。大変だけどやっていけるんじゃないかと思った。

親会社からも「のれん代はいらない」といわれたが、お金はかなりかかった。在庫は買い取らなければいけないし、店舗の保証金も払わなければならない。業界の平均的な在庫金額は坪あたり40万円といわれるから、20坪の往来堂書店は800万円ぐらいか。いや、往来堂書店の場合は雑誌よりも書籍が多いうえに、人文書や美術書など高額な本も多く、逆にコミックスなど廉価な本は少ないから、在庫代はもっと高いだろう……と思ったら、笈入さんが棚卸しの結果を知らせてくれた。2021年9月1日現在で2030万円というから、平均的な書店の2・5倍！　なるほど、往来堂書店の棚を見るたびに「充実しているなあ」と感嘆するわけだ。お金がかかっているのだ。

というわけで、親会社から退職金は出たけれども、それだけでは到底足りない。また、取次にとっては屋号と実態が同じであっても経営者、つまり取引先が変わるわけで新たに取引契約を結ばなければならない。笈入さんと妻が保証人になり、自宅を担保にした。

「独立しても取次が契約してくれたのは、20年以上ここで商売をつづけてきたという実績が大きいと思います。新しく会社をつくるわけですから、財務状況も細かくわかります。自己資金はどれだけあって、借り入れはどれだけで、在庫はいくらと。それで取次は納得してくれました。営業担当者も課長もずいぶん頑張ってくれました」

経営者になって気分は変わりましたか？　と聞くと、「キツいですね」と即答。

「給料をもらう側と出す側とでは違いますね。注文した本が入荷するじゃないですか。これをどれだけ早く現金に換えられるか、と思うんですよ。給料をもらっているときはそんなことぜんぜん考えませんでした」

取引条件にも敏感になった。たとえばNET21の会議で大きなフェアを提案すると、他のメンバーから「支払い条件はどうなっているのか」と必ず聞かれる。たとえば「3のべ」。3か月延べ勘定のことで、通常なら6月初めに入荷すると6月末じめで請求が来て7月末に支払うが、3のべなら2か月後の8月末じめで請求が来て9月末に支払う。6月中旬から1か月間のフェアであれば、請求されたときはすでに売上があるので、余裕を持って支払うことができる。経営者になる前の笈入さんは、他のメンバーがなぜいちいちそんなことを気にするのかピンとこなかったという。それがいまは身に染みてわかる。

さて、ここからが本題だ。小さな書店にとって、小さな出版社の本はどうなんだろう。笈入さんは次のように話す。

「大きな出版社の本は——すべてではないけれども——マスに向けてつくられている。だからどんな書店に置いてもお客さんがいる。小さな出版社は、届けたい人にしっかり届けたいという意識でつくっていて、想定される読者が限られる。マス向けの本だけがほしいと思っている書店は、小さな出版社の本を仕入れない。これは特殊な本だから、うちのような小さな店に買いに来るお客さんはいない、と。でもそれは昔の話だと思う。いま重要なのは、書店が自店に来るお客さんをどれだけリアルにイメージできているか。そのイメージと合致する本が出たら、大出版社の本であろうとひとり出版社の本であろうと注文するんですよ。よくいいますよね、新刊の案内を見たり実物を見たりしたとき、3人お客さんの顔が浮かべば発注するって。そのとき出版社の規模は関係ありません。それがわかっている書店にとって、マスを目指していない小さな出版社の本は、むしろお客さんにぴったりはまって、いい感じで売れていく」

すべての書店が笈入さんのように考えているわけではない。多くの書店は1社だけの取次と取引していて、それ以外のルートをいやがる書店もある。いちばん大きな理由は手間が増えると面倒だから。小さな出版社が営業に行っても「うちは取次以外からは仕入れないよ」と断られることがある。

「面倒くさいというのは、請求・支払いの管理に関することですよね。伝票の整理は文具屋でファイルを買ってきて出版社の五十音順に並べるだけでできますよ。支払件数が多いこと自体はそれほど問題ではないんじゃないかな。トランスビューのように複数の出版社をまとめてくれるところもあるし」

そういえば基本的に出版社と直取引で仕入れている誠光社（京都）の堀部篤史さんも、支払いはネットバンキングだから手間はかからないといっていた。

笈入さんがいうには、書店にとって支払いは書籍・雑誌の仕入れ先に対してだけではない。家賃、光熱費、バイト料……日々さまざまな支払いがある。そこに仕入れ先が増えてもたいしたことではない。

「支払いや管理の手間云々よりも、お客さんがちゃんといることの方がありがたい」と笈入さんはいう。

プロモーションについてはどうだろう。大手出版社は宣伝力も大きい。新聞広告をはじめさまざまなところに広告を出すし、ときには電波メディア・ネットメディアを使ったキャンペーンなどもおこなう。さまざまなプロモーションによって本を知り、それが来店動機につながることもある。一方、小さな出版社はプロモーションにお金をかける余裕がない。

「これはちょっと理想論に過ぎるかなとも思いますが」と前置きして、笈入さんは次のように話す。

「大きい広告が出て全国の人が買いに行く《受取所としての書店》は、たぶんもう勝負がついているんです。アマゾンでいい。《受取所としての書店》を追求する道は、小さい書店には残されていない。もちろんそれは0か100かでもないし、明日から《受取所としての書店》をスパッとやめるということでもないんですけど、これからは書店が『これはいいものだから、買ったほうがいいよ』と薦めて売る商売になっていくと思うんです。ほかの商売と同じようになっていくということですね。本以外の商品では〝よさ〟にもいろいろあって、安いからいいということもあるし、品質がいいということもある。本でも、『これは歴史的に重要だから読まれるべきだ』とか『エンターテインメントとしてすぐれている』とかいろいろありますけど、『これはいいよ』と書店がいわないと、その書店で買う意味がない。この先ますますそうなると思う。だから『広告が出ないならその本は置かない』というような書店は、たぶんこの先なくなっていくと思う」

ベストセラーに背を向けるということではない。売れるものは売る。でも売れる本を仕入れるためにあくせくしない（じつは多くの書店は売れる本・話題の本を確保するためにかなり労力と時間を割いている）。

「たとえば健康法の本って、手を替え品を替え出ていて、テレビで取り上げられる。出版社も注文書つきの情報を『来週この本が取り上げられるから、ぜひ注文してください』と送ってくるけど、でもうちの規模だとそれほどは売れない。お年寄りがひとりかふたり来るぐらい」

テレビで話題になっても注目されるのはほんの一瞬で、短いブームが終わると店頭にはたくさんの売れ残り。返品するしかない。「だからもうちょっと古くならない本を売りたい」と笈入さんはいう。

いま笈入さんがいちばん困っているのは、本を読む時間がないことだ。《本の受取所としての書店》をやめて、「いいよ」と思う本を売っていくしか、小さな書店が生き残る道はないとわかっているのに、その肝心な「いいよ」と思う本を見つける時間が圧倒的に足りない。現在は週休1日弱がやっとだそうだ。

「何がいいの？　おすすめは？　と思っているお客さんも多いと思うんですよ。何がおすすめ？　って聞いて、書店員とひと言ふたこと話すのが楽しいというお客さんも絶対にいると思う。いまはそれができていない。本を読むためには、いまの仕事のやりかたを変えて、1日に2時間ぐらい本を読むための時間を取らないとだめだと思うんです」

日本の新刊市場のピークは1990年代のなかば、つまり往来堂が開店したころだ。それから書籍・雑誌はどんどん売れなくなっていったが、落ち込み方は書籍と雑誌でずいぶん違う。ピーク時に比べて書籍は4割ダウンぐらいだが、雑誌は3分の1になった。「雑誌の落ち込みをカバーしきれてはいないけど、書籍はまだやりようがある」と笈入さんはいう。

ここまでの話は、２０１９年の5月におこなった千駄木でのインタビューおよび同年12月のトークイベントでの発言をもとにしている。その後、20年の初夏にいちど往来堂を訪ねたとき立ち話をして、さらに21年4月、コロナ禍の影響について聞いた。会うたびに笈入さんの表情が明るくなっているのに気づいた。いまにして思うと、19年は経営者になったことの重圧があったのだろう。本屋をつづけるというのは大変なことだ。

20年の初夏に会ったとき、笈入さんは「売れて、売れて、棚がスカスカになっちゃった」と苦笑していた。コロナ禍による巣ごもり需要だ。

「２０２０年の4月から営業を2時間時短したにもかかわらず、売上は4月が前年比１７０％、5月も１６０％でした。その後１２０％から１３０％の状態がずっとつづいていて、21年3月で１００％。でも20年3月はすでに一斉休校要請が出ていたから、19年に比べるといいんです。たぶん19年に比べると１１０％から１２０％ぐらいでいくと思います」と笈入さんはいう。

コロナ禍のなか売上が伸びたのは往来堂だけではない。書店組合がおこなったアンケートでも売上が伸びたと回答する店が多いし、新刊市場全体（書籍・雑誌）も２０２０年は前年に比べてわずかなマイナスですんだ。それまで四半世紀のあいだ売上減少に苦しんできた小さな書店にとってはひさびさの朗報だったろう。もっとも書店によって明暗は分かれる。大型商業施設内の書店はビル丸ごと閉まってしまって休業を余儀なくされたし、オフィス街の書店も昼間人口が激減して売上が減った。そもそも多数の死者も出ているコロナ禍を喜ぶわけにはいかない。

往来堂も20年3月はドリルや学習参考書、児童書、コミックなどが売れ、緊急事態宣言が出てからは文芸書や人文書が売れた。売れる本の傾向もふだんとは違っていた。たとえば文庫では東野圭吾や宮部みゆきなど「普通のもの」がよく売れた。往来堂書店の顧客は単行本ですでに読んでいるような本の文庫版だ。

「ウチは変化球じゃないとなかなか売れないという傾向があるんですけど、そうじゃなくて、普通の直球とかスローカーブの本が売れた」

初めて見る顔も多かったし、「カードは使えますか?」など、いかにもいちげんさんらしい問い合わせも多かった。

往来堂書店はコミックにそれほど力を入れているわけではないが、それでもよく売れた。『鬼滅の刃』以外も売れた。

「20巻ぐらいまとめてお買い上げとか。いまにしてみると、親御さんたちは、5月の連休になってもどこにも連れて行ってやれないし、ちょっとコミックでもまとめて買ってやるか、なんて考えたんだと思います」

面白いのはみすず書房や岩波書店などの高額で難しめの内容の本が売れたこと。ふだんは会社の帰りに都心の大型書店でそれらの本を購入していた人が、リモートワークになって自宅近くの往来堂に来たのだろう。ある客は「行くところがないし、することもないから来たよ」と笈入さんに話していたそうだ。

前年比160％から170％というのは大変な忙しさだ。

「閉店を10時から8時に繰り上げて、営業時間を2時間減らしているんですよ。時間あたりのレジ客数で言ったら2倍近い」

カバーを折る暇がないくらいだった、と笈入さんが苦笑する。カバーというのは本を買ったときレジでくるんでくれるあの包装紙のことで、包装紙の天地を折って本のサイズに合わせる作業は客がいないときにレジカウンターでやるもの。そのすきま時間がないほど客が来た。

「いちばん忙しいときは返品がほとんど出なかったんですよ。いつも毎日段ボール5箱ぐらいは出るんですよ。それが1個出るか出ないかぐらいで。4月、5月は返品率がすごく低かったと思いますよ」

返品が減ったのは雑誌がよく売れたことも大きい。雑誌は返品が多く、その作業が困りものでもあるのだが、1回目の緊急事態宣言下ではよく売れた。「お客さんは何でもいいからあるものを買っていった、という感じ」と笈入さんはいう。

1回目の緊急事態が解除され、都心の大型店も営業を再開したが、前述したとおり往来堂書店の売上はコロナ禍前には戻らず、コロナ禍前よりも1~2割プラスの状態が維持されている。それはコロナ禍をきっかけに往来堂書店を〝発見〟した読者が多いのか、それとも本の良さ、読書の楽しみを〝発見〟した人が多いのか。この状況がつづくのかどうかは、しばらく様子を見てみないとわからない。

ところで、コロナ禍で激増した売上はどこに行ったのか？　書店経営者はどのように再投資するのか。

「いやいやいやいや、やっと累積赤字を解消できた程度ですよ。往来堂書店はいま4期目。1期と2期は赤字で、3期で利益がちょっと出たので累積赤字が消えた。歴史の話では戦争特需なんて出てきますが、こういうものに小さな商店も翻弄されるんだな、と実感しました」

笈入さんもできる限りの感染対策をした。店舗の入り口には消毒液を置き、客にはマスク装着を求め、換気にも気をつけた。客数が増えた20年の4月5月は、レジに並ぶ客の間隔を示すマークを床に貼っていた。

スタッフの体制は笈入さん夫婦プラス3人で、コロナ前と変わらない。営業をつづけることにスタッフから反対や不安の声もなかった。忙しかった4月5月には臨時ボーナスを出し、11月には〝マスク会食〟をして労をねぎらった。

経営権を譲り受け、店長から店主になったことに後悔はないのだろうか。

「独立してよかったけど……やっぱり自分でやらないと効率化はできないですね。むかし、うちはスタッフが7、8人いました。営業時間も長かったし。それがいまは僕たち夫婦プラス3人ですから、人件費はだいぶん減っていますよね。それでもなんとかなるんですよ。そうしないわけにはいかないし。3年かかっていまの形に落ち着いています。それまで20年間あたりまえのようにしていたやり方には、いま思うとけっこう無駄なこともあった。そういう意味では独立してよかったかもしれませんね。金を借りてやっていますからね。銀行からも借りているし、NET21の仲間からも借りている。それが運転資金になって営業できている。銀行からの借り入れは個人で連帯保証して自宅は抵当に入っている。そういうことをハンコをつくたびに実感します。だから波風が立ってもいわなきゃいけないことはいわなきゃいけない」

19年にインタビューしたとき、これからはイベントにも力を入れていきたいと笈入さんは話していた。だが、いまはあまりイベントについて考えていない。

「あのころはなかなか業績が上向かず、どうしたものかなと考えていた。座して死を待つわけにもいかないので、大変だけどイベントをやるかという感じで。月に3回ぐらいのペースでやりはじめていたんですね。面白かったし、準備にもだんだん慣れてきた。そのままやっていこうかと思っていたのが20年2月まで。3月になって（コロナ禍で）できなくなって、それっきりになっています。それからお客さんが押し寄せてきて、こんなふうに本が売れているんだったらイベントをやらなくてもいい。改めて考えると、僕はイベントをやりたいわけではなかったんですね。やっぱり、本屋にお客さんが来て、いろいろ買っていってもらうようにするのがいちばんやりたいことで。もちろん企画を持ち込んでくれた方や一緒に考えてくれた方、そして出演してくれた方々にはとても感謝しています」

売上のことだけでいうと、実はイベントの利益はそれほど多くない。往来堂のように売場を使ってイベントをおこなう場合は、その間、書店としての営業は止めなければならないから、売上は減ってしまう。入場料とゲストの著書の売上は入るが、店内に入れる人数は20人ぐらい。ゲストに謝礼を支払うと収支はトントンだ。それでもさまざまな書店がイベントを開催するのは、読者サービスの側面が大きい。リピーターになってもらうためだ。

モノ消費からコト消費へなんていわれて、書店も空間と体験が重要だなどといわれた。わたしもそんなことをどこかで書いた記憶がある。書店におけるトークイベントの隆盛の根底にはそういう流れもあるけれども、コロナ禍でオンラインイベントが盛んになると書店でやることの意味や意義があらためて問い直される。

本屋の本業は本を売ることで、それをつづけるために多角化をするわけで、必要のない多角化はしなくていい、と笈入さんは言う。

「本屋が品揃えをよりよくするためにできることって無限にあるじゃないですか。できればそっちにエネルギーを注ぎたいですよね。イベントは手間がかかるから、そっちがおろそかになる。力を入れてつくった棚を見てもらうためにイベントをやるのはいいかもしれないですけど、イベントで儲けて本屋を存続させるというのは、僕がやることとしては違うと思いました」

コロナ禍がいい経験だったなんて口が裂けてもいえないけれど、コロナ禍によって発見できたことはたくさんある。笈入さんの表情は明るい。

書き手にとっての小さな出版社――あとがきにかえて

はじめるのは簡単だ、とはいわないけれど、はじめるよりつづけるほうが難しい。何事もそうだ。日記を書くことも、英語の独習も、腕立て伏せも、ジョギングも、はじめるのは簡単だけど、たいてい3日とつづかない。逆に、はじめたらやめられないものもある。たばこ、酒、麻薬……。

日記がつづかなかったり、たばこをやめられなかったりするのは意志の問題だが（いや、依存症の場合は違うか）、商売の場合は違う。資金が足りなくなって事業継続できなくなることが多いけれども、意欲がなくなったり、後継者がいなかったりという理由で廃業することもある。逆にいうと、滞りなくお金が回って、やる気もまんまんで、事業を継承する人がいれば商売はつづいていく。

本書は『小さな出版社のつくり方』の続編である。9つの出版社と1軒の書店に取材した。1回目の取材の多くは2019年の春におこなった。その後、

19年の秋から暮れにかけて東京・浅草の書店、Readin'Writing BOOKSTORE（リーディン・ライティン・ブックストア）で、取材に応じていただいた方との連続トークイベントを行った。わたしの心づもりとしては、1回目の取材で聞いたことを再確認したり聞き漏らしたことを補ったりという意味があった。ただしトークイベントに登場していただいたのは1回目の取材を受けてくださった方全員ではない。パブリブ、港の人、荒蝦夷はそれぞれ都合がつかなかった。また、夕書房の髙松夕佳さんのみ、21年春の取材である。髙松さんには1度しか取材できなかったが、第1稿を読んでご意見をいただき、加筆修正した。

当初、猿江商會の古川聡彦さんとは、20年の6月ぐらいに脱稿して、秋の初めごろに刊行しようと話していた。ところがコロナ禍襲来。状況の推移を見るため、刊行を遅らせることにした。そうなると、各社がコロナ禍をどうしのいだかという情報も重要だと考え、21年春に各社に再取材・再々取材した。21年の取材の一部はZoomでおこなった。結局、刊行時期は1年遅れてしまった。もっとも、本書に記したように、コロナ禍の影響は各社さまざまで、小さな出版社の状況がより明確になったと思う。

各社に第1稿を読んでいただいて事実関係の誤りや内緒にしておきたいこと

についてご指摘いただいた。それを反映して第2稿を作成し、ゲラにしたうえで再度、各社に確認していただいた。インタビューしたときは興が乗ってついついしゃべりすぎてしまい、あるいは話を盛ってしまい、あとで冷静になって訂正するというのはよくあること。録音を聴いて文字起こしする作業は楽しかった（MacBook Air に24インチのモニターをつなぎ、オリンパスのICレコーダーで録音した音を olympus sonority というアプリとフットペダルでコントロールしながら再生し、エディタの Jedit Ω をHHKBのキーボードでタイプする）。

なお、1回目の取材とトークイベントにはご登場いただいたが、コロナ禍をめぐる追加取材を申し入れた段階でお断りされた方、そして追加取材後の完成原稿第1稿を読んだうえで掲載をお断りされた社がそれぞれひとつずつあることを付記しておく。

各社に「つづけ方」についてうかがって、出版活動だけで会社を持続させていくことの難しさを改めて確認した。つくりたい本をつくっているだけでは、会社はつづかない。他人に雇われるのではなく、やりたいことをやって生きられたらハッピーだよね、という憧れだけでは、よほど幸運に恵まれない限り行き詰まってしまう。取材した各社はいずれも知恵と創意工夫で事業を継続している。

つづけ方はさまざまだ。パブリブは本をつくってつくってつくりまくる。しかも組版からカバーのデザインまでかなりを社内で、というか社長の濱崎誉史朗さんがひとりでおこなう。言葉は悪いが、ワーカホリック系つづけ方だ。左右社は続けるには拡大しつづけなければならないという哲学のもと、従業員を増やし発行点数を増やしつづけ、オフィスも拡大した。もはや小さな出版社ではない。港の人は学術書から詩歌へと刊行物の軸をたくみに移行させ、1点1点の本の完成度を高めることで信頼を獲得し、事業を継続させている。

荒蝦夷は仙台という街にしっかり根を下ろして、取次に頼ることなく地産地消の出版活動をつづけている。自社出版物の刊行は事業の一部ととらえ、地元の大学やメディアとの協業も含めたさまざまな活動をしている。古書店を経営する出版社は荒蝦夷ぐらいだろう……と書こうとしたら、そうだ、岩波書店は岩波茂雄が古書店を始めたところからスタートしたのだったと気がついた。荒蝦夷は異端ではなくむしろ正統かもしれない。アタシ社も自社出版物の刊行は活動の一部と位置づけていて、他社メディアの仕事もするし、美容院や飲食店・雑貨店の経営にも枠を広げ、港町・三崎の出版社としてファンを広げている。

ブルーシープにとって出版は展覧会づくりの一環であるが、オフィスに隣接したギャラリーだけでなく東京・立川のPLAY！という美術館の枠を超えた施設を拠点のひとつとしたことで新たな段階に入った。

好きなことだけをしてきたフリースタイルの吉田保さんは、出版だけでなく、版画の販売もしているし、他社のメディアの編集もしている。それはやりたくないことを我慢してやっているのではないけれども、結果的にフリースタイルを「つづけるため」につながっている。三輪舎の中岡祐介さんは子育てや家事も含めた暮らし全体のなかで出版事業を捉えている。夕書房の髙松有佳さんは、出版事業は収支トントンでいい、生活費は編集・ライター業務で稼ぐから、と割り切った考えだ。その気負いのなさが新鮮だ。

岩波書店もルーツは古書店だったと書いたけれど、現代の大手出版社も収入源はファッション誌の広告費だったりマンガの権利だったりするわけで、必ずしも本をつくって売るだけで成り立ってきたわけではない。かつては百科事典や文学全集の訪問販売が出版社を支えた時代もあった。そう考えると、小さな出版社が自社刊行物の売上以外で稼ぐことは特殊なことではないし、これから出版社をはじめる人は最初からそこを視野に入れたほうがいいだろう。

本書では小さな出版社の経営者に話を聞くだけでなく、小さな書店にとって小さな出版社はどういう存在なのかを往来堂書店店主の笈入建志さんに聞いた。そこで、このあとがきでは、書き手にとって小さな出版社はどういう存在なのかを書こうと思う。

書き手といっても人それぞれ違う。「本とお金との関係」という観点で考えると、書き手は3つに分類できる。

まず、書くことだけで食べている人。原稿料や印税だけを収入源としている人だ。一般の人が作家としてイメージするのはこういう人たちだろう。いまは死語だが「印税生活」なんて言葉も昔はあった。ただ、「原稿料や印税だけ」といってもいろいろで、小説だけで食べている小説家はごく一握りのベストセラー作家に限られる。エンターテインメント系ではけっこういるが（といっても何百人という規模ではない）、純文学系ではめったにいない。収入の柱は雑誌等での原稿料で、小説以外のエッセイなどの原稿料も合算して「原稿料と印税で食べている」という人が多い。ノンフィクション作家では、企業PR誌なども含めて雑誌の原稿料で取材費を稼ぎ、自費で取材してノンフィクションを書き下ろすという人もいる。

2番目は、他の仕事をしながら書いて食べている人。たとえば大学教員をしている作家。純文学を書く人に多い。わたしも5年間、大学に勤めた。ただし、大学教員は雇用形態によって待遇がずいぶん違う。教授・准教授であれば、テニュアでなくても大手企業の平均と同じくらいの給与がある。一方、非常勤講師は年収にすると教授・准教授の4分の1から5分の1ぐらいといわれる。大学教員以外でも、一般企業に勤めていたり、商店を経営していたりという作家は少なくない。カルチャーセンターの講師をしている人もいる。

3番目は、ほかに主たる仕事があって、書いたものがその主たる仕事のツールになっている人。たとえばセミナーの講師。セミナーといってもいろいろあるけれども、ビジネス・自己啓発系のセミナー講師にとって、著作物は宣伝ツール・集客ツールとなりえる。企業出版を手がけるある出版社の惹句を借りると「マーケティングやブランディングのための施策」「広告宣伝の一環として」ということである。

3つの立場の違いは、たとえば著作権や図書館に対する態度にあらわれることがある。わたしが眺めた印象では、書くだけで食べている人はナーバスな傾向があり、ほかの仕事をしながら食べている人は書き手としてだけでなく利用する側としても考える傾向がある。書いたものが宣伝・集客ツールになる人にとって、読者が広がることは大歓迎だ。

出版社から執筆の依頼があったときのことを考えてみる。執筆依頼はうれしいものだ。自分が誰かに必要とされていると感じる。作家に限らず、どんな職業、いや職業人でなくても、誰かに何かを頼まれるのはうれしい。しかし、そのうれしさと、仕事を受けるか受けないかは別の問題だ。

依頼してきた会社の大小や有名無名で受けるか受けないかを決める人はあまりいないと思う。ただし皆無ではない。書き手の中には出版社の〝格〟のようなものを気にする人はいる。以前、インタビューした作家に「自分は一流の出版社でしか仕事をしない」というようなことを遠回しにいわれたことがある。新聞や雑誌なら、その論調みたいなもので判断することはある。わたしだったら、いわゆるネトウヨ本やヘイト本、怪しげな健康本をわんさか出している出版社の依頼は断る。

　出版社の大きさやイメージではなく、企画内容と依頼してきた人の人柄によるという書き手が多い。大きな出版社から依頼されても、提案された企画に興味がわかなければ断るし、小さな出版社でも企画が面白ければその気になる。企画内容だけでなく人柄というか相性も重要だ。編集者が別の出版社に転職というか移籍して、企画もそのまま転職先の出版社に持っていくこともある。まれにそのことでモメることもある。

　ただ、出版社によって宣伝力や販売力が違うというのも事実だ。そして、それは出版社の規模に比例すると考えていい。もちろんあくまで大雑把な傾向で、必ずしも個々の場合に当てはまらないけれども。

　たとえば先ほどの1番目の分類の作家の場合を考えてみる。原稿料と印税だけで食べている作家だ。ここからは計算。話を単純化するために、その作家は書籍の印税だけで食べているとする。消費税なども考えない。仮にその人が必要とする年収が600万円だとする（あくまで仮の話で、わたしが年収600万円ということではない）。印税10％と仮定すると、本体価格で6000万円分の売上が必要ということになる。1冊1500円の本なら4万部、2000円の本なら3万部。いま3万部、4万部を売るのは大変なことだ。たまに新聞広告で「大好評、4万部突破！」なんて謳っていることがある。それくらい珍しい。

出版界全体の傾向として初版部数は少なくなっている。ベストセラーリスト上位の常連作家は別として、3000部から6000部ぐらいのことが多い。最近は小ロットで早く印刷・製本できるようになったので、少部数からはじめて売れ行きがよかったら少しずつ重版していこうと考える出版社が増えた。返品リスクをできるだけ小さくするためだ。残念ながら少部数の初版のまま重版されないことが多い。2000円の本を初版3000部なら印税は60万円。印税だけで600万円を稼ぐとすると、その書き手は年に10冊、書き下ろさなければならない。物理的には可能かもしれないが、そんなことを何年もつづけられない。

というわけで、印税だけで食べている専業作家が小さな出版社から書き下ろしを依頼されると、けっこう悩むのではないかと思う。企画が面白くて、依頼してきた人と相性が合っても、それだけでは「はい、やりましょう」と即断できない。

ライター殺すにゃ刃物はいらぬ、書き下ろしの2、3冊も依頼すればいい、という都々逸がある、というのは嘘で、これはわたしがつくったのだけど、昔からライター志望の人に忠告しているのは「書き下ろしの仕事には注意しろよ」ということだ。とくにこれまで書籍を出したことがない人だと、依頼に舞い上がってしまって、それまでレギュラーで入っていた雑誌などの仕事を断って丸1年ぐらい単行本執筆に専念する、なんていうことがあった。しかし、そうやって書き上げた渾身の1冊が売れず、断った雑誌の仕事は他のライターがやっているので帰る場所もなく、「そういえば、あの人最近見かけないね」と噂されることもある。そうやって他の業界に移ってなんとか生き延びて、あるいは成功すれば、結果的にはよかったということになるけれども、ライターのころに思い描いていた未来とは違う。本書では左右社の小柳学さんの話がそれにあてはまる。新書館を辞めた小柳さんは、宮澤賢治の研究本を書き下ろして、うまくいけばそれで食べていこうと思ったのだった。その本は売れず小柳さんは左右社をつくり、たくさんの素晴らしい本を世に出すことになったのだから、結果的にはよかったのだけれども。

小さな出版社が専業作家に書き下ろしの依頼をして断られたとしても、「小さな出版社だからといってバカにしやがって」とか「ちょっと名前が知られているからといって偉そうに断りやがって」などと思わないでいただきたいと願う。書き手にだって生活はあるのだから。

作家によっては、生活に必要なお金は大手出版社で出す本で十分まかなえているから、小さな出版社からの仕事はお金のことなど気にせず書くんだ、と考えるかもしれない。作家がそう考えたからといって、小さな出版社は「あまりお金にならなくてすみません」などと卑屈になる必要もない。作家の財布のことは作家が考えるべきで、他人が心配することじゃない。ある小説家は「年間ノルマ」ということをいっていた。1年に稼がなければならない金額を決めておき、印税や原稿料、講演料などでその額に達したら「今年のノルマ達成」ということで、あまり仕事はしない。その小説家は文学賞の賞金も含めて計算していて「この前、○○賞の賞金が入ったから、今年はもう仕事しなくていい」なんていっていた。

こういうふうに書いてくると、じゃあ、おまえはなぜ猿江商會からこの本の依頼を受けたのだ、といわれそうなので自分のことを書いておく。お金のことでいうと、わたしの収入の内訳は、雑誌の原稿料収入と講演、それとラジオ・

テレビなどの出演料、そして書籍の印税である。だから先ほどの書き手3分類でいうと1番目の書くだけで食べている人と2番目の書く以外に収入源がある人の中間ということになる。ただわたしは気持ちとしてはもうセミリタイアに入っていて、もうあまり稼がなくてもいい、なんていうと「なにかっこつけてんだよ」といわれそうだが、子供もいないし扶養&介護する両親もいないし借金もないので、生活にあまりお金がかからない。もしもわたしがもっと若く現役バリバリで、成人していない子供がいたり、住宅ローンの返済中だったり、介護の必要な家族がいたりしたら、古川さんからの依頼を受けられたかどうかわからない。

ライターとして駆け出しのころ、アドバイスしてくれる人が何人もいた。マガジンハウスの『自由時間』という雑誌で毎号のように仕事をしていたとき、副編集長が「おまえの収入のなかで『自由時間』のギャラが占める割合はどれくらいだ?」と訊かれたことがある。たぶん3割近かったのではないか。そう答えると「雑誌なんていつ休刊するかわからないから、1誌だけとか1社だけとかに偏らないようにしろよ」といわれた。彼は『平凡パンチ』の編集部にもいたことがあるだけに、ずしんときた。作家の関川夏央さんには「書き下ろしなんかやっていると死ぬぞ。連載を見つけろ」と助言された。

もしもわたしがもっと若く現役バリバリで、お金をたくさん稼ぐ必要があって、出版社から書き下ろしの依頼があったら、「連載先を見つけてください」と編集者にいい、自分でも探すだろう。連載は執筆のペースメーカーになると同時に、定期的な収入源となる。金額云々より精神的な支えというか安心感が大きい。

わたしが小さな出版社に期待するのは、たんに執筆を依頼するだけでなく、その本の執筆と出版を可能にするためのさまざまな手立てを書き手と一緒に考えてくれることだ。たとえば『小さな出版社のつくり方』で紹介した作家エージェントのコルクのような機能を持つと、本づくりも変わってくるかもしれない。つまり、書き手の「つづけ方」を一緒に考えてくれるような出版社が、事業をつづけられるのではないだろうか。

永江 朗

Nagae Akira

1958年北海道生まれ。法政大学文学部哲学科卒業。西武百貨店系の洋書店、アール・ヴィヴァンに約7年間勤務した後、『宝島』などの編集を経てフリーライターに。「哲学からアダルトビデオまで」幅広いジャンルで活躍する。とりわけ書店流通には造詣が深い。著書に『小さな出版社のつくり方』（小社）、『私は本屋が好きでした——あふれるヘイト本、つくって売るまでの舞台裏』（太郎次郎社エディタス）、『文豪と感染症 100年前のスペイン風邪はどう書かれたのか』（朝日文庫）など。

小さな出版社のつづけ方

2021年11月16日　初版第1刷発行

著　者 ——— 永江朗

発行者 ——— 古川聡彦

発行所 ——— 株式会社猿江商會

〒135-0002　東京都江東区住吉2-5-4-101
TEL：03-6659-4946
FAX：03-6659-4976
info@saruebooks.com

装丁・本文デザイン —— 園木彩

印刷・製本 ——— 壮光舎印刷株式会社

ISBN978-4-908260-12-4　C0036　Printed in Japan